KLAUS JÜRGEN DIEHL

JESUS BRINGT'S!

Ein GLAUBENSKURS für JUNGE LEUTE

BRUNNEN / CVJM-Westbund

8., überarbeitete Auflage 2001
ISBN 3-7655-5747-1 (Brunnen)

Umschlagillustration: Peter Esser
Umschlaggestaltung: Ralf Simon
Illustrationen: Peter Esser
Layout und Satz: Eva Joneleit
Druck: St.-Johannis-Druckerei, Lahr

Zum Glaubenskurs JESUS BRINGT'S ist ein Begleitheft für Gespächsgruppenleiter erschienen.
In der Arbeitshilfe werden der didaktische Aufbau der einzelnen Lektionen erläutert, Hintergrundinformationen und Gesprächsanregungen geboten.
ISBN 3-7655-5748-X
CVJM Westbund/Brunnen Verlag Gießen

Bild- und Textnachweis:
S. 24 aus: Reinhold Hedtke/Manfred Sorg/Hans Eichhorn, Fundamente, Christsein heute, Aussaat Verlag, Neukirchen-Vluyn, 1975.
S. 31 © Hans Lachmann (Kreuzigungszene).
S. 44 © Ivan Steiger.
S. 52 © Fritz Pawelzik
S. 57 aus: M. Fishback-Powers, Spuren im Sand © Brunnen Verlag Gießen
S. 72 PIB, Kopenhagen

Nicht alle Rechteinhaber konnten ermittelt werden. Der Verlag ist für weiterführende Hinweise dankbar.

Wir danken den genannten Verlagen und Autoren für die Abdruckgenehmigungen.

Moment mal ...

LEBEN –
Das bringt's!

Moment mal …

kommt es nicht darauf an, was ich bringe, damit sich mein Leben lohnt? JESUS BRINGT'S! Wieso gerade er? – Diese Frage kann ich gut verstehen. Es ist alles andere als selbstverständlich, das Entscheidende für sein eigenes Leben von Jesus zu erwarten. Schließlich ist uns oft genug eingeredet worden, dass einem im Leben nichts geschenkt wird und dass man darum die Ärmel hochkrempeln und sich auf den Hosenboden setzen muss, um etwas zu erreichen. Ohne Leistung geht's nun mal nicht. Und doch ist das nicht mal die halbe Wahrheit. Denn das Entscheidende im Leben kann man sich eben nicht verdienen: weder Liebe noch Glück, weder Zuversicht noch Zufriedenheit. Das fällt einem zu – und das heißt: Es wird mir geschenkt. Jesus hat versprochen: **„Ich bin gekommen, damit Menschen ein erfülltes Leben haben können"** (frei nach Johannes 10,10). Das hat er übrigens besonders denen versprochen, die ansonsten in ihrem Leben ganz bestimmt zu kurz gekommen wären. Aus meinem eigenen Leben kann ich nur bestätigen: Jesus hat sein Versprechen gehalten – bis heute. Ehrlich!
Darauf kannst du dich verlassen.

Und weil das so ist, darum möchte ich dich mit diesem Heft gerne auf Jesus und das, was er uns zu bieten hat, neugierig machen. Ob du beim Durchblättern des Heftes, beim Beantworten der Fragen, bei den Gesprächen in deiner Gruppe zusammen mit dem Leiter wohl spürst, dass der Glaube an Jesus die entscheidende Antwort auf viele unserer Fragen und Sehnsüchte ist? Ich jedenfalls wünsche es dir, dass Jesus die Nummer eins in deinem Leben wird. Jesus kann unser Leben verändern. Und man kann nur staunen, was er aus einem machen kann, wenn man nur anfängt, ihm zu vertrauen. – Ja, das wollte ich am Anfang gerne noch bei dir loswerden. Und nun wünsche ich dir viel Spaß und überraschende Entdeckungen mit diesem Heft.

Klaus Jürgen Diehl

GOTT

– Das unbekannte Wesen

1.

Bitte sieh dir das Bild an. Was siehst du?
Schreibe es hier auf:

....

Nun betrachte das Bild noch einmal.
Man kann nämlich zwei Personen in diesem Bild sehen.Vielleicht musst du länger hinschauen. Schreibe die neue Entdeckung auch auf:

....

Lösung

Die meisten sehen zuerst eine alte Frau: Die Hakennase, den breiten Mund, das spitze Kinn usw. Dann sieht man ein junges Mädchen. Man sieht es im Profil. Man sieht die Wimpern, die Wange und ein Halsband. Das Auge der alten Frau wird das Ohr des jungen Mädchens. Seltsam: Genau dieselbe Figur zeigt uns zwei ganz verschiedene Bilder!

So wie man in diesem Bild ganz Unterschiedliches sehen kann, so kann man auch das Leben, diese Welt und unsere Geschichte auf zwei verschiedene Weisen sehen: **mit und ohne Gott.**

Das besondere Problem daran ist, dass Gott nicht sichtbar oder begreifbar ist – wie irgendein Mensch oder Gegenstand sonst auf dieser Welt. Und darum ist es verständlich, dass es zu allen Zeiten die unterschiedlichsten Vorstellungen und Bilder von Gott gab. Im alten Ägypten hat man sich Gott z.B. als Stier, dem Sinnbild für Kraft, vorgestellt.

Solche **Vorstellungen und Bilder von Gott** erscheinen uns heute ziemlich primitiv und längst überholt. Aber sind wir in unserem Wissen über Gott wirklich so viel klüger?

Bronzeplastik des als göttlich verehrten Apisstieres von Memphis. Die Vorstellung dieses ägyptischen Stiergottes, den das Volk Israel neben anderen Stierkulten in Ägypten kennen gelernt hatte, mag bei der Errichtung des goldenen Kalbes mitgewirkt haben. Die Geschichte vom „Tanz um das goldene Kalb" kannst du in 2. Mose 32 nachlesen.

Für viele Menschen ist Gott wie so ein harmloser alter Opa, der nicht mehr so ganz mitbekommt, was da um ihn herum auf dieser Erde passiert. Verständlich, dass man dann von einem solchen Gott für sein eigenes Leben nichts, aber auch gar nichts erwartet. Ja, man vermisst ihn nicht einmal und kommt auch ohne ihn im Leben gut zurecht.

Für andere ist Gott so ein „Daumen-drauf-Gott"; einer, der den Menschen eher Angst einjagt und sie schikaniert. Manche führen das Leid und Unglück dieser Welt auf Gott zurück und beschweren sich dann bitter über diesen Gott: „Wie kann Gott das Leid in dieser Welt nur zulassen?" Gott scheint es zu gefallen, die Menschen klein und mickrig zu halten.

Aufgabe

Welche Bilder und Vorstellungen von Gott hast du?
Wie bist du darauf gekommen?
Wie beurteilst du das, was die anderen über Gott denken?
– Redet miteinander darüber.

Nun kann man aus den unterschiedlichen Bildern und Vorstellungen über Gott den Schluss ziehen:
„Nichts Genaues weiß man nicht." Auch die vielen Religionen machen das Bild nur verwirrender. Viele Menschen meinen daher, jeder soll mit seinem Gott glücklich werden. Aber ist das eine Antwort, die befriedigt? Wer Klarheit will; wer herausfinden will, ob Gott existiert und wer er

wirklich ist, der wird sich mit den unterschiedlichen Gottesvorstellungen nicht zufrieden geben. Er wird zunächst einmal die Schwierigkeit empfinden, in der wir uns bei der Frage nach Gott befinden. Diese Schwierigkeit könnte man so veranschaulichen:

Wir Menschen wollen eine Antwort auf die Frage nach Gott. Doch da ist die „Mauer": Gott ist unsichtbar; von uns aus kommen wir dem Geheimnis Gottes nicht auf die Spur. Was müsste geschehen, damit wir endlich eindeutig wissen, wer Gott wirklich ist?

Die* Antwort *heißt:
Wir sind darauf angewiesen, dass Gott sich selbst uns zu erkennen gibt. Die Initiative müsste von ihm ausgehen. Er müsste zu uns kommen und sich zeigen.

Prof. Dr. Francis Steele, ein amerikanischer Archäologe, hat die problematische Situation zwischen uns und Gott einmal so erklärt:

Stellen wir uns drei Indianer vor, die vor etwa 500 Jahren an der Küste des Pazifischen Ozeans stehen. Sie schauen über das weite Meer. Da fragt der Erste: „Ich möchte wissen, ob es jenseits des großen Wassers noch etwas gibt – etwa Menschen." Der zweite Indianer ist eine gründlichere Natur und meint: „Mir ist es nicht genug zu wissen, ob jenseits des Wassers Menschen sind. Ich möchte wissen, wie sie aussehen: ihr Gesicht, ihre Haut, ihr Körper." Der dritte Indianer hat Neigungen zur Philosophie. Seine Frage: „Mir ist es nicht genug zu wissen, ob jenseits des Wassers Menschen sind und wie sie aussehen. Ich möchte wissen, was sie denken und wollen. Was bestimmt ihre Lebensweise?"
Frage: Können diese drei Indianer von sich aus darauf kommen, dass es Chinesen gibt, wie sie aussehen, was Chinesen denken und wie sie leben?
Wie sollen sie, wenn sie keine Informationen von der anderen Seite des Ozeans bekommen? Ohne solche Informationen können sie immer nur mehr oder weniger veränderte Indianer denken.
Das ist unsere Situation im Blick auf die Frage nach Gott.

Also: Wenn Gott sich nicht zeigt, können wir über ihn nichts Sicheres wissen. Erst wenn er von seiner Seite aus die Mauern durchbricht, können wir ihn erkennen:

GOTT durchbricht die Mauer –
so können Menschen ihn erkennen

Genau das hat Gott getan! Er hat die Trennwand durchbrochen und sich den Menschen zu erkennen gegeben. Da ging ihnen ein Licht auf, wer Gott wirklich ist. Zuerst ist das Abraham widerfahren. (Lies einmal 1. Mose 12,1ff.!) Dann Isaak und Jakob. Später hat ihn Mose erkannt – und dann das ganze Volk Israel, als es der Knechtschaft in Ägypten entkam. Durch die wunderbare Rettung aus der Hand der Ägypter hat Israel JAHWE – so ist sein Name im Alten Testament – als den Gott erkannt, der auf seiner Seite steht. Schließlich ist Gott für alle Menschen in Jesus auf diese Erde gekommen und wir können in ihm Gott selbst erkennen. Jesus sagt in Johannes 14,9: „Wer mich sieht, der sieht Gott!" und in Johannes 14,6: „Ich bin der Weg, die Wahrheit und das Leben. Niemand kommt zum Vater (= zu Gott), es sei denn über mich."

Nun kann man natürlich zurückfragen: Woher wissen wir das alles so genau? Die Antwort lautet:

Wir erfahren aus der Bibel, wer Gott wirklich ist. Die Bibel ist das zuverlässige Dokument von Menschen, die dem lebendigen Gott begegnet sind und für alle Menschen gültige Erfahrungen mit ihm gemacht haben.*

Aufgabe

***** Notiere dir dazu bitte Johannes 5,39. Dort sagt Jesus:***

Die Bibel lehrt uns:

1. Gott ist **eine Person.**
2. Gott ist **überall zur gleichen Zeit.**
3. Gott ist **ewig.** Er war schon immer Gott und wird es immer sein.
4. Gott ist **allmächtig**. Für ihn ist nichts unmöglich.

Diese **Einzigartigkeit Gottes** kann man in der Bibel erkennen. Die folgenden Sätze stammen aus einer Ansprache des Apostel Paulus vor der Bevölkerung in Athen:

Apostelgeschichte 17,23-31:

23. Ich habe in eurer Stadt viele Altäre gesehen. Auf einem stand „Dem unbekannten Gott". Von diesem Gott, den ihr verehrt, ohne ihn zu kennen, spreche ich.

24. Es ist der Gott, der die Welt und alles, was in ihr ist, geschaffen hat. Dieser Herr des Himmels und der Erde wohnt nicht in Tempeln, die Menschen gebaut haben.
25. Er braucht auch nicht den Opferdienst irgendeines Menschen. Er, der allen das Leben gibt und was zum Leben notwendig ist,
26. er hat den *einen* Menschen geschaffen, von dem alle Völker auf der ganzen Erde abstammen. Er hat auch bestimmt, wie lange und wo sie leben sollen.
27. Das alles hat er getan, weil er wollte, dass die Menschen ihn suchen, damit sie ihn spüren und finden können. Und wirklich, er ist uns ja so nahe!
28. Durch ihn allein leben und existieren wir. So wie es einige eurer Dichter gesagt haben: „Wir sind seine Kinder."
29. Weil wir nun von Gott abstammen, ist es doch unsinnig zu glauben, dass wir Gott in Standbildern aus Gold, Silber oder behauenen Steinen darstellen könnten, so wie es unserem Können und unseren Vorstellungen entspricht.
30. Bisher haben die Menschen das nicht erkannt, und Gott hatte Geduld mit ihnen. Aber jetzt befiehlt er allen Menschen auf der Welt, sich von Grund auf zu ändern.
31. Denn der Tag ist schon festgesetzt an dem Gott alle Menschen richten wird; richten durch den *einen* Mann, den er selbst dazu bestimmt hat: Jesus Christus. Daran hat Gott keinen Zweifel gelassen, indem er ihn von den Toten auferweckte.

Aufgabe

Lies dir den Text aufmerksam durch. Welche entscheidenden Aussagen macht der Text über die Einzigartigkeit Gottes? Notiere dir diese Aussagen in Stichworten und tauscht euch anschließend darüber in der Gruppe aus.

Der Text enthält folgende wesentlichen Aussagen über Gott:

1. ______________________________

2. ______________________________

3. ______________________________

4. ______________________________

5. ______________________________

Merke:

Weil Gott dich geschaffen hat, darum hat er Anspruch auf dein Leben. Er sucht die Gemeinschaft mit dir. Gott ist aber auch unser aller Richter: Er wird uns einmal für unser Leben zur Rechenschaft ziehen.

Wie sehr wir auf die Gemeinschaft mit Gott angewiesen sind, macht ein kleiner Vers von Jochen Klepper deutlich:

„OHNE GOTT BIN ICH EIN FISCH AM STRAND,
OHNE GOTT EIN TROPFEN IN DER GLUT,
OHNE GOTT BIN ICH EIN GRAS IM SAND
UND EIN VOGEL, DESSEN SCHWINGE RUHT.
WENN MICH GOTT BEI MEINEM NAMEN RUFT,
BIN ICH
WASSER,
FEUER,
ERDE,
LUFT."

2. BIBEL –

Der ungelesene Bestseller

Wir haben festgestellt: Wenn wir Gott kennen lernen wollen, dann sind wir auf die Bibel angewiesen. Gott hat sich dafür entschieden, dass er den Menschen durch dieses Buch nahe kommen will und sie erkennen, wer er ist und was er mit uns und dieser Welt vorhat.

Nun ist die Bibel genau genommen nicht nur ein Buch; eher ist sie eine Bibliothek. Sie ist eine Sammlung von Büchern und Schriften, die durch mehr als ein Jahrtausend hindurch entstanden ist. Unterschiedliche Verfasser mit ganz verschiedener Herkunft und Bildung haben ihren Beitrag zum Entstehen der Bibel geleistet. Entscheidend ist, dass alle diese Verfasser biblischer Schriften von Gottes Geist gelenkt wurden, und ihre Berichte daher als zuverlässig gelten dürfen.

Am Ende dieses langen Entstehungsprozesses stand die Bibel mit ihren insgesamt 66 Büchern des Alten und Neuen Testaments. Würde man jedes einzelne Buch, jeden Brief für sich drucken, so ließe sich damit fast schon ein ganzes Bücherregal füllen (S. 13).

Aufgabe

Trage in die Bücherrücken auf Seite 13 die Namen der einzelnen biblischen Schriften ein. – Ihr könnt euch auch gegenseitig dabei helfen.

Umfangmäßig ist das Alte Testament ein Mehrfaches des Neuen Testaments. Wer seine Bibel am Schnittpunkt von Altem und Neuem Testament aufschlägt, sieht das sofort.

Frage

Was könnte der Grund dafür sein, dass das Alte Testament um so vieles umfangreicher ist als das Neue Testament?

ALTES TESTAMENT
Geschichtsbücher
Lehrbücher und Psalmen
Prophetenbücher
NEUES TESTAMENT
Geschichtsbücher
Briefe
Prophetenbuch

Im Alten Testament (AT) sind die Bücher zusammengefasst, die vor Christi Geburt geschrieben wurden, aber z.T. schon auf sein Kommen hinweisen (z.B. einzelne prophetische Bücher des AT). Im Neuen Testament (NT) findest du die Schriften, die nach Christi Geburt verfasst wurden und die von ihm erzählen.
Nun haben wir eine wichtige Frage noch nicht beantwortet: Wie kam es eigentlich dazu, dass sich durch Jahrhunderte hindurch Männer hingesetzt haben und Bücher und Briefe verfassten, die schließlich zu der uns bekannten Bibel wurden?

Wie ist die Bibel entstanden?

Richtig ist: Gott wollte, dass wir Menschen Verlässliches über ihn selbst erfahren. Darum hat er bestimmte Leute ausgewählt, die die einzelnen Bücher und Schriften schreiben sollten. Sie haben aufgezeichnet, was ihnen Gott anvertraute, was sie mit ihm erlebt hatten und was sie andern unbedingt mitteilen wollten, damit sie Gott auch kennen lernen konnten.

Manche biblischen Schriften sind aus ungewöhnlichen Situationen heraus entstanden. Der *PHILIPPERBRIEF* wurde z.B. von *PAULUS* im Gefängnis geschrieben.

Gott hat sich uns Menschen durch die Bibel bekannt gemacht. Darüber hinaus hat er aber auch eine ganz bestimmte Absicht mit uns Menschen beim Schreiben der Bibel gehabt. Davon berichtet Paulus im 2. Brief an seinen Schüler und Mitarbeiter Timotheus:

2. Timotheus 3,16.17: *„Denn die ganze Heilige Schrift* (= Bibel) *ist von Gottes Geist eingegeben. Sie lehrt uns, die Wahrheit zu erkennen, unsere Schuld einzusehen, uns von Grund auf zu ändern und so zu leben, dass wir vor Gott bestehen können. Sein Wort zeigt uns, wie wir als veränderte Menschen fähig werden, in jeder Beziehung Gutes zu tun."*

Aufgabe

Versuche, diesen Text einmal mit eigenen Worten wiederzugeben:

Die Bibel ist mit der Absicht geschrieben, ...

Gott will durch die Bibel Einfluss auf unser Leben nehmen. Aber hier fängt das Problem an:
Obwohl die Bibel das am meisten verbreitete Buch der Weltliteratur ist (in einer jährlichen Auflage in Millionenhöhe und insgesamt über 2000 Sprachen), so verstaubt sie doch ungelesen in unzähligen Bücherschränken – jedenfalls bei uns. Nach einer Umfrage des Allensbacher Meinungsforschungsinstituts lesen 61 Prozent der evangelischen Bürger der Bundesrepublik nie in der Bibel, obwohl sie eine im Bücherschrank stehen haben: Die Bibel – ein Buch, das unter Verschluss gehalten wird?

Die Bibel will gelesen werden

Aber wie fangen wir das am besten an? Die erste Frage lautet: Welche Bibel sollen wir lesen?

Es gibt nämlich die verschiedensten Bibelübersetzungen und Bibelübertragungen. Welche eignet sich für die persönliche Bibellese am besten? Die Antwort hängt u.a. davon ab, ob du schon im Bibellesen geübt bist und dir biblische Texte vertraut oder noch sehr fremd sind.

Als „**Faustregel**" kann gelten:

Moderne Bibelüberstetzungen wie *Die gute Nachricht* oder *Hoffnung für alle* lesen sich so flüssig wie ein Buch, Seite für Seite. Bibelübersetzungen wie die Luther-Bibel sind in ihrer sprachlichen Form anspruchsvoller. Da liest man besser kleinere Abschnitte und versucht sie zu verstehen und zu durchdenken.

Wie gehen wir am besten beim Bibellesen vor?

Also, zuerst einmal brauchen wir einen PLAN, denn – wie wir sahen – ist die Bibel ein sehr umfangreiches Buch, in dem man sich „verirren" kann. Das Beste ist: Du versuchst regelmäßig – möglichst jeden Tag – einen überschaubaren Abschnitt in der Bibel zu lesen.

Wenn du es noch nicht probiert hast, dann beginne im Neuen Testament, am besten mit einem Evangelium, wie z.B. dem Markusevangelium. Den Einstieg in die Bibellese kann dir das kleine Buch „Die ersten 100 Tage mit der Bibel" erleichtern. Für etwas Ältere ist „In 99 Tagen durch die Bibel. Eine Entdeckungsreise" geeignet. Beide Bibellesehilfen sind in jeder Buchhandlung zu bekommen.

Hast du schon etwas Übung, dann orientiere dich an einem der Bibelleseplänе. Diese Pläne sind so angelegt, dass du im Laufe von vier Jahren alle Bücher der Bibel kennen lernst.

Es gibt zu diesen Bibelleseplänen auch anschauliche Verständnishilfen zu den täglichen Bibelabschnitten. Besonders empfehle ich dir „Start in den Tag".

Ein paar praktische Tipps zum Bibellesen:

1. Bevor du anfängst in der Bibel zu lesen, bitte Gott, dass er dich verstehen lässt, was du liest.

2. Lies den Textabschnitt mehrmals sorgfältig durch.

3. Denke über das Gelesene nach. Stelle dir dabei die Frage: „Was kann ich aus diesem Text über Gott und mich selbst lernen?"

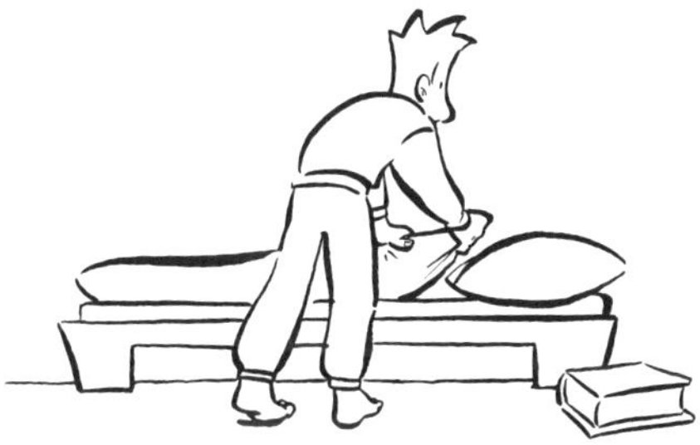

4. Versuche zu beherzigen, was du aus der Bibel verstanden hast.

Gebrauchsanweisung für Bibelbenutzer:

1. ***Schaffe Platz und Raum für Gottes Wort.***
   – Man kann die Bibel nicht nur so nebenbei lesen. –

2. ***Gottes Wort enthält „Babynahrung" und „Bratkartoffeln".***
   – Nicht alles in der Bibel kann jeder gleich „verdauen". –

3. ***Gottes Wort will in Kopf und Herz hinein.***
   – Die Bibel weitet unseren Horizont, aber sie trifft auch unser Gewissen. –

4. ***Gottes Wort will uns Beine machen.***
   – Die Bibel will uns ganz neu in Bewegung setzen. –

3. BETEN –

Die Verbindung steht

Gott macht sich uns über die Bibel bekannt. Wir erfahren aus ihr, wer Gott ist und was er mit uns vorhat. Aber Gott spricht nicht nur durch die Bibel zu uns. Wir können auch direkt mit Gott reden – und dabei die Erfahrung machen, dass Gott antwortet. Wir nennen dieses Gespräch mit Gott *BETEN*. Gott selbst hat uns dazu mit immer neuen Zusagen und Versprechen ermuntert.

Aufgabe

Fasse die angegebenen Bibelstellen kurz zusammen.

Psalm 50,15: ....

Jeremia 33,3: ....

Matthäus 7,7: ....

Hast du es gemerkt? Gott will jederzeit für dich da sein.
Trotz dieser eindeutigen Zusage, dass die Verbindung von seiner Seite her steht, ist es für viele Menschen längst nicht mehr selbstverständlich zu beten. Eine Umfrage unter 10 000 Jugendlichen in der Bundesrepublik zu der Frage: „Betest du?" ergab folgendes Ergebnis:

Alter:	insgesamt	14	15	16	17	18	19 u. älter
Ich bete regelmäßig	%	%	%	%	%	%	%
Mädchen 42,7% Jungen 24,9%	= 33,8	40,8	35,0	31,4	32,9	30,6	31,2
gelegentlich	37,5	39,0	39,7	38,7	37,4	35,3	34,9
selten	15,5	13,6	13,8	16,2	16,2	15,6	17,2
überhaupt nicht	6,9	3,0	5,0	5,7	8,4	9,4	10,0
verweigere die Auskunft	5,0	2,4	5,1	5,6	4,9	7,3	4,0
ohne Angabe	1,4	1,3	1,4	1,5	1,3	1,4	1,8

Frage

Was fällt dir an diesen Ergebnissen auf? Wie erklärst du dir diese Auffälligkeiten? – Redet miteinander darüber.

Sehen wir uns die unterschiedlichen Aussagen zum Thema *BETEN* noch etwas genauer an:

Meinungen

Ein Tag ohne Gebet ist für mich ein verlorener Tag.

Ich habe Beten von meiner Mutter gelernt und habe es beibehalten.

Man sollte nur beten, wenn man das Bedürfnis hat.

Zum Beten habe ich keine Zeit.

Ich habe das Beten nie gelernt.

Ich bete, weil ich jemanden brauche, mit dem ich mich aussprechen kann.

Beten ist etwas für ängstliche und schwache Typen, die mit ihren Schwierigkeiten nicht fertig werden.

Ich bete, weil ich mich bedanken möchte für das, was ich erlebt habe.

Aufgabe

Kreuze mit einem Pluszeichen (+) die Aussage an, die deiner persönlichen Meinung zum Beten am ehesten entspricht. Kennzeichne mit einem Minuszeichen (–) die Aussage, der du am wenigsten zustimmen würdest. Begründet gegenseitig eure Entscheidung.

Garantiert Anschluss unter dieser Nummer?

„Was soll uns dieses Telefon Jesus, in das fortwährend hineingerufen wird: ‚Hallo, wer dort?' und niemand antwortet?“ so schrieb der Dichter Rainer Maria Rilke an einen seiner Freunde. Offensichtlich ist es ihm so ergangen wie manchem andern, der beim Beten keine Verbindung findet.
Ich würde da gerne einmal zurückfragen: „Habt ihr denn wirklich schon den Hörer abgenommen und richtig gewählt? Oder habt ihr – vielleicht ganz in Gedanken – dauernd nur eure eigene Nummer gewählt? Dann hört man nämlich immer nur ein Besetztzeichen.“
Ohne Bild gesprochen: Reden nicht viele Beter nur mit sich selbst, weil sie in ihrem Beten immer nur an sich denken bzw. an das, was sie gerne von Gott haben wollen? Bei solchem „Beten“ bleiben sie bei sich selbst stehen. Kein Wunder, wenn sie dann den Eindruck gewinnen, dass ihr Gebet nicht über die Zimmerdecke hinausreicht.

Gott erhört unser Beten, wenn wir **ihn selbst** dabei suchen und erfahren möchten. Er erhört uns aber nicht, wenn wir durch ihn nur etwas anderes suchen, z.B. die prompte Erfüllung unserer Wünsche.

Gott möchte eben nicht nur als Lieferant all dessen, was wir nötig zu haben meinen, unerkannt im Hintergrund bleiben. Er will unser Gott sein, d.h. einer, der als Geber aller Gaben um unsere Zuwendung und unser Vertrauen wirbt.
Das scheint der Herr Pastor verstanden zu haben. Sein heißer Draht nach oben funktioniert, auch wenn die Leitung bereits geflickt ist. Er lebt eben in ständiger Verbindung zu seinem himmlischen Dienstherrn.

Einsichten über das Beten:

Beten ist …
… Reden wie mit einem guten Freund. Ich kann ihm alles sagen. Er versteht mich und hilft mir.
… sich abhängig machen von einem Stärkeren, der mich hält und mir Geborgenheit schenkt.
… Vertrauen in die Führung eines Stärkeren. Ihm vertraue ich mich an. Auf seine Stimme höre ich.

Wie können wir das Beten neu lernen?

Vielleicht hast du einmal als kleines Kind beten gelernt: „Ich bin klein, mein Herz ist rein, soll niemand drin wohnen als Jesus allein.“
So lautete eines der typischen Kindergebete, mit dem ich groß geworden bin. Auch wenn die Aussage dieses Kindergebetes von großer Wichtigkeit ist – als Jugendliche und Erwachsene können wir meist nicht mehr in so naiven Worten beten. Wir müssen es ganz neu lernen. Das ging übrigens schon den Jüngern in der Bibel so, obwohl das doch längst handfeste, kernige Männer waren. Bei Jesus gingen sie ganz neu in die „Schule des Betens“ und lernten bei ihm das „Vater unser“. Nicht zuletzt stellt uns die Bibel Menschen im Gespräch mit Gott vor, damit wir von ihnen lernen können.

Ein junger Israeli beim Gebet an der Klagemauer in Jerusalem

Aufgabe

Wir bilden kleine Gruppen und lesen einige Bibeltexte mit der Frage: „Welche Anstöße und Hilfen erhalten wir durch diesen Text für unser eigenes Beten?“ Jede Kleingruppe berichtet anschließend von ihren Entdeckungen.

1. ***1. Mose 18,23-33: Abraham ringt mit Gott um das Schicksal von Sodom. Wie redet Abraham mit Gott? Was können wir von diesem Gebet lernen?***

2. ***Apostelgeschichte 12,2-17: Christen in Jerusalem beten um die Befreiung eines andern. Ihr Gebet wird erhört – und doch fehlt ihnen etwas Entscheidendes. Was?***

3. ***Lukas 22,39-43: Jesus fleht seinen Vater an, er möge ihn vor dem grausamen Sterben am Kreuz verschonen. Welche Worte in diesem Gebet sind auch für unser Beten ganz wichtig? Warum?***

4. ***Apostelgeschichte 16,19-28: Paulus und Silas loben Gott sogar im Gefängnis. Was würdest du in einer ähnlichen Situation tun? Was kannst du vom Verhalten der Beiden lernen?***

Praktische Tipps zum Beten:

1. Bevor du betest: **Sammle deine Gedanken und konzentriere dich.** Ein Stabhochspringer kommt nie über die Latte, wenn er sich beim Anlauf umschaut und sich nebenbei mit anderen Leuten unterhält. – Man kann auch so mit dem Gebet beginnen: „Herr, hilf mir, dass ich mit meinen Gedanken jetzt ganz bei dir sein kann."

2. Man muss **nicht unbedingt die Hände falten, die Augen schließen und den Kopf senken**, wenn man betet. Trotzdem ist es eine Hilfe, wenn man auch mit seiner äußeren Haltung zum Ausdruck bringt, dass man jetzt mit dem „Chef des Universums" redet. Beten – und sich dabei lässig im Sessel räkeln – das passt nicht zueinander.
3. Wenn du betest: **Schalte dein Herz ein; mehr noch: Lass Gott in dein Herz schauen.** Mach ihm nichts vor, zieh' keine fromme Show ab. Lass aber auch nicht immer dieselbe Platte beim Beten ablaufen, sondern sage Gott mit deinen eigenen Worten, was dich bewegt; dass du ihm vertrauen und seine Hilfe in Anspruch nehmen möchtest. Es kommt nicht auf viele Worte an – sondern daß du Gott ehrlich sagst, was dich bewegt.

Zum Schluss noch eine kleine Geschichte zum Schmunzeln. Sie zeigt, dass wir auch im Alltag ganz konkret mit Gott rechnen dürfen. Gott ist immer für uns da.

Im Alltag mit Gott rechnen

Na ja, ein gewisses Schmunzeln entlockt er uns schon, dieser geistliche Herr, der sich da angesichts eines Plattens aufs Gebet besinnt. Aber ihn ernst nehmen? Dafür erscheint er uns dann doch zu weltfremd. Wir hätten uns in seiner Situation selbst zu helfen gewusst. Schließlich gibt es in jedem Auto ein Reserverad. Da wäre der Stoßseufzer zum Himmel eigentlich völlig überflüssig.

Aber vielleicht war der Herr Pfarrer wirklich ratlos und der Reifenwechsel ein Problem, das seinen technischen Sachverstand bei weitem überforderte. Dafür war das Vertrauen in seinen himmlischen Vater grenzenlos. Und Gott hat dieses Vertrauen belohnt, indem er ihm im rechten Augenblick den „Gelben Engel" von der ADAC-Pannenhilfe vorbeischickt. Offensichtlich lässt Gott den nicht im Stich, der auch in den Kleinigkeiten des Alltags konkret mit ihm rechnet. Ob uns Schlaumeiern da nicht längst etwas Entscheidendes verloren gegangen ist? Uns kommt häufig erst dann das Beten in den Sinn, wenn wir aus eigener Kraft nicht mehr weiter wissen und die Luft total aus unserm Leben raus ist.

Übrigens, noch eins finde ich an dieser kleinen Geschichte bemerkenswert: Gottes Hilfe erfahren wir meist nicht durch ein auffälliges Wunder, sondern auf eine höchst alltägliche Weise. Der platte Reifen ist nicht wie durch ein Wunder plötzlich wieder prall mit Luft gefüllt. Dafür gibt es aber einen Menschen, der dem ratlosen Fahrer zur Seite steht. So können wir es tagtäglich erleben. Wenn wir hilflos und traurig sind, dann stellt Gott uns einen Menschen zur Seite, der unser Problem lösen kann. Es ist eine Frage unseres Vertrauens und unserer Aufmerksamkeit, ob wir die Spuren Gottes in unserm Alltag entdecken.

4. JESUS – Der heruntergekommene Gott

Von Gott wissen wir Menschen nur so viel, wie er selbst uns von sich zu erkennen gibt. Diese Feststellung hat bisher unsere Überlegungen in diesem Kurs bestimmt. Weil Gott sich in der Bibel offenbart (d.h. zeigt) und weil er uns zum direkten Gespräch mit ihm selbst ermutigt, darum haben wir uns Gedanken über die Bibel und das Beten gemacht. Am deutlichsten jedoch hat Gott sich in seinem Sohn Jesus zu erkennen gegeben, der vor 2000 Jahren auf die Welt kam. Jesus – das ist der auf die Erde heruntergekommene Gott selbst. Weil Gott nicht von den Menschen loskam (obwohl sie oft nichts mit ihm zu tun haben wollten), weil er endlich eine verläßliche Beziehung zu uns aufbauen wollte, darum sandte er Jesus zu uns.

Jesus kam als Sohn des einfachen Zimmermanns Josef und seiner Frau Maria in Bethlehem zur Welt. Er wuchs in Nazareth, einem kleinen Provinznest in den Bergen Galiläas auf. Er starb im Alter von etwa 35 Jahren in Jerusalem.

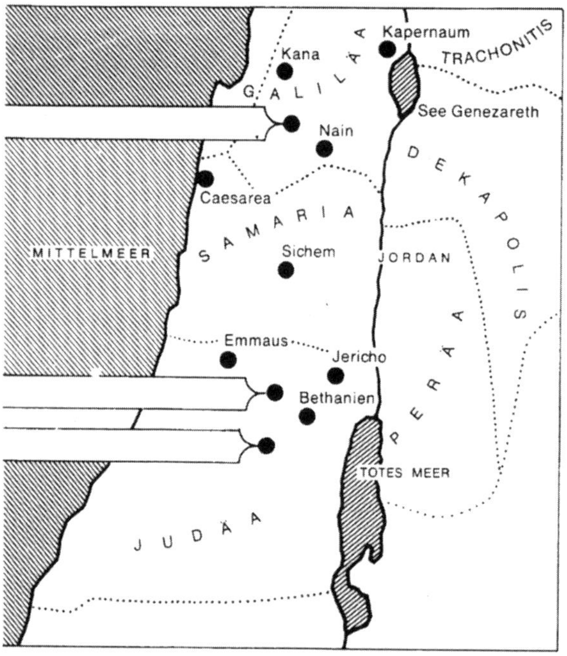

Palästina zur Zeit Jesu

Aufgabe

Trage die fehlenden Ortsnamen (den Geburtsort, den Heimatort, in dem Jesus groß wurde, und die Stadt, in der er starb) in die Karte ein.
Was weißt du über die anderen Orte, die auf der Karte abgedruckt sind? Welche Jesus-Geschichten verbinden sich mit ihnen?

Jesus ist von Anfang an eine umstrittene Persönlichkeit gewesen. Immer wieder haben Menschen versucht, Jesus mit einem bestimmten Etikett zu versehen. Dabei haben sie sich von der äußeren Erscheinung Jesu zu schnellen Urteilen über ihn verleiten lassen:

„Er kommt aus dem unbedeutenden Provinznest Nazareth ..."
(Johannes 1,46a)

„Er kann seine Wunder nur im Pakt mit dem Teufel vollbringen ..."
(Matthäus 12,24)

„Er ist ja doch nur ein Kind einfacher Leute ..." (Markus 6,3)

Auch heute gibt es die unterschiedlichsten Meinungen über Jesus. Dabei schneidet der Mann aus Nazareth in unserer Zeit gar nicht mal so schlecht ab. Man zollt ihm Respekt. Man gesteht zu, dass von seiner Person mächtige Wirkungen ausgingen. Man hält ihn schon für eine außergewöhnliche Gestalt der Weltgeschichte. Aber ob Jesus allein damit schon richtig verstanden ist?

Ob es ausreicht, aus der Rolle eines unbeteiligten Beobachters heraus Jesus zu bewundern und festzustellen: „Toll, wie der gelebt hat! Toll, was der geleistet hat?!" Jesus ist jedenfalls nicht in erster Linie daran interessiert, ob wir eine gute Meinung über ihn haben. Er möchte vielmehr, dass wir ihn persönlich kennen lernen und ihm vertrauen.

Wie Menschen zu Lebzeiten Jesu ihn kennen lernten und ihm nachfolgten – das wollen wir uns an einem Bibelabschnitt aus dem Johannesevangelium klarmachen.

Johannes 1,43-49:

43. Als Jesus einen Tag später nach Galiläa gehen wollte, traf er unterwegs Philippus. Auch ihn forderte er auf: „Folge mir!"
44. Philippus stammte wie Andreas und Petrus aus Bethsaida.
45. Kurze Zeit später begegnete er Nathanael und erzählte ihm: „Endlich haben wir den gefunden, von dem Mose und die Propheten sprechen. Er heißt Jesus und ist der Sohn von Joseph aus Nazareth."
46. „Nazareth?", entgegnete Nathanael. „Was kann von da schon Gutes kommen?"
    „Du musst ihn selbst kennen lernen. Komm mit!" antwortete ihm Philippus.
47. Als Jesus den Nathanael erblickte sagte er: „Hier kommt ein aufrichtiger Mensch, ein wahrer Israelit!"
48. „Woher kennst du mich?", wollte Nathanael wissen. Jesus erwiderte: „Noch bevor Philippus dich rief, habe ich dich unter dem Feigenbaum gesehen."
49. „Herr, du bist wirklich Gottes Sohn!", bekannte Nathanael. „Du bist der König Israels!"

Aufgabe

Wie kommt es dazu, dass Nathanael Jesus begegnet? Was hindert ihn fast daran, mit zu Jesus zu gehen? Wodurch wird schließlich Nathanaels Zweifel überwunden?

Nehmt euch einen Augenblick Zeit für die Beantwortung der Fragen und tauscht euch dann darüber aus.

Nun könnte man meinen: Die Menschen zu Lebzeiten Jesu hatten es leicht, Jesus persönlich kennen zu lernen. Schließlich sind sie ihm leibhaftig begegnet. Aber heute? Wie kann man Jesus heute begegnen? Um darauf eine Antwort zu finden, wollen wir auf den Bericht eines sechzehnjährigen Mädchens hören. Sie heißt *SABINE* und begann bei einer Jugendwoche mit dem Glauben an Jesus. Sie selbst beschreibt das so:

Wie ich Christ wurde ...

Eines Morgens im Reli-Unterricht kamen so ein paar Typen mit einer Gitarre. Sie sangen ein paar Lieder und dann erzählten sie von Jesus. Wir haben erst ganz blöd geguckt und einige fanden das fast peinlich: Leute, die an Jesus glauben und ganz unbekümmert davon erzählen – wo gibt's denn so was?
Am Schluss der Stunde haben sie uns eingeladen, am Abend zu einer Veranstaltung für junge Leute zu kommen – „Happy Days", so hieß das. Erst wollte ich nicht hingehen. Das bringt doch so nichts, dachte ich. Aber dann wurde ich neugierig und habe vorbeigeguckt. Am Anfang gab es viel Musik. Das fand ich ganz toll. Die Ansprache eines Jugendpastors ließ ich über mich ergehen. Aber ich bin dann am nächsten Abend wieder hingegangen. Und am letzten Abend – da hat es plötzlich gefunkt. Irgendwie wurde mir klar: Mensch, die Sache mit Jesus – das ist genau das, was dir fehlt. Denn irgendwie war ich in meinem Leben unglücklich gewesen. Ich bin dann zu der Nachversammlung gegangen. Da haben wir noch miteinander gebetet. Ich habe Jesus gebeten, mir meine Schuld zu vergeben und mich anzunehmen. Als ich an dem Abend nach Hause ging, durchströmte mich eine große Freude, und ich wusste: Jesus hat mein Gebet erhört. Er ist jetzt bei mir und lässt mich nicht mehr los.

Aufgabe

Vergleiche den Brief von Sabine mit dem Bericht aus dem Johannesevangelium. Wo gibt es Übereinstimmungen? Was ist anders? Redet darüber.

Wenn Menschen damals und heute Jesus begegnet sind und ihn persönlich kennen gelernt haben – dann muss das doch auch für mich und dich möglich sein. Wie kann ich ein ganz persönliches Verhältnis zu Jesus bekommen? Wieder gibt uns Jesus in der Bibel eine Antwort darauf.

Offenbarung 3,20:
„Merkst du es denn nicht? Noch stehe ich vor deiner Tür und klopfe an. Wer jetzt auf meine Stimme hört und mir die Tür öffnet, bei dem werde ich einkehren. Gemeinsam werden wir das Festmahl miteinander halten" (in einer unverbrüchlichen Gemeinschaft für immer zusammen sein).

Die Tür ist zu!

Das ist jedenfalls Jesu Meinung über uns. Er steht draußen. Wir haben keine Gemeinschaft mit ihm. Wir haben ihn ausgeschlossen. Er ist uns ziemlich gleichgültig (auch wenn wir ansonsten nicht schlecht über ihn denken). Doch dann hören wir eines Tages von ihm. Wir lernen seine Botschaft kennen. Wir merken plötzlich: Jesus meint uns ganz persönlich. Er möchte, dass wir ihn in unser Leben hineinlassen. Er will dann für immer bei uns sein – so wie bei Nathanael und bei Sabine.

Jesus klopft an. Er ergreift die Initiative. Aber er schleicht sich nicht heimlich in unser Leben. Er tritt uns auch nicht gewaltsam die Tür ein. Wir haben es in der Hand, ob wir sein Klopfen überhören – oder ob wir die Tür aufmachen und Jesus persönlich bitten, in unser Leben zu kommen und die Regie zu übernehmen.

WIE MAN HEUTE CHRIST WERDEN KANN:

1. ***JESUS MACHT IMMER DEN ANFANG. ER SUCHT DICH, BEVOR DU ÜBERHAUPT NACH IHM FRAGST.***
2. ***JESUS BITTET DARUM, DASS DU IHM HERZ UND VERSTAND ÖFFNEST UND IHN IN DEIN LEBEN HINEINLÄSST.***
3. ***DU ALLEIN HAST ES DANN IN DER HAND, WAS AUS DEM ANKLOPFEN JESU WIRD.***
4. ***JESUS KOMMT NICHT NUR ZU EINEM KURZEN „BESUCH". ER WILL EIN GANZES LEBEN MIT DIR TEILEN.***

Wie kann das heute geschehen?

Möglichkeit A: Du vollziehst diesen Schritt in der Stille für dich allein, indem du Jesus im Gebet bittest, in deinem Leben „Wohnung zu nehmen" und dich zu leiten und zu beschützen.

Möglichkeit B: Du gehst zu einem erfahrenen Christen, zu dem du Vertrauen hast und sagst ihm, dass du gern Christ werden möchtest. Er wird dir dann bei dem entscheidenden Schritt dazu helfen.

Frage

Welche der beiden Möglichkeiten würdest du vorziehen? Warum? Erinnere dich daran, wie es bei Nathanael und Sabine war.

5. PASSION – Die Sache mit dem Kreuz

Ist Jesus als der Sohn Gottes, der zu uns auf die Erde kam, bis heute umstritten, so gilt das erst recht für sein Leiden und Sterben am Kreuz. Denn wie kann Gottes Sohn wie ein Verbrecher am Kreuz sterben? Und warum soll sein Sterben für uns von entscheidender Bedeutung sein? – Wie skandalös schon vor fast 2000 Jahren die Botschaft vom Kreuz Christi empfunden wurde, zeigt die folgende Geschichte.

Gott am Kreuz – ein hirnverbrannter Blödsinn?

Unter den kaiserlichen Pagen – meist Jungen im Alter von 14-17 Jahren –, die am Hofe des Cäsar in Rom Dienst taten, befand sich auch der junge *Alexamenos*. Zusammen mit seinen Kameraden ist er in einem Wohnheim in der Nähe des kaiserlichen Palastes untergebracht.
Eines Abends entwickelt sich im Schlafsaal unter den Jungen ein Gespräch …

Titus: He, Alexamenos, betest du heute Abend wieder zu deinem komischen Gott?
Rufus: Ich möchte bloß mal wissen, wie du gerade auf den gekommen bist. Wir haben doch schließlich genug Götter und Tempel hier im alten Rom. Reicht dir das nicht?
Alexamenos: Also, wenn ihr's genau wissen wollt: Ich glaube an Jesus. Wenn ich zu dem bete, weiß ich, dass der mich hört und mir hilft. Dem kann ich alles sagen, was mich bewegt.
Claudius: Jesus – das klingt aber gar nicht römisch.
Alexamenos: Stimmt, Jesus war ja auch Jude.
Titus: Du glaubst an einen jüdischen Gott?! Was hat der denn Besonderes vollbracht, dass du den so stark findest?
Alexamenos: Nun, Jesus hat zwar viele Wunder getan. Aber das war nicht das Entscheidende. Viel wichtiger ist, dass er für uns am Kreuz gestorben ist und am dritten Tag auferstanden ist.
(Im Schlafsaal lachen die andern laut los …)
Cornelius: Sag mal, bei dir piept's wohl, was? Du glaubst an einen Gott, der am Kreuz gestorben ist? So'n Quatsch hat mir noch keiner erzählt …
Rufus: Ich lach mich tot: Der glaubt an einen Gott, den sie am Kreuz abgemurkst haben. Und dann soll der auch noch auferstanden sein!

Claudius: Hör mal, Alex, das ist doch ein hirnverbrannter Blödsinn. Du weißt doch so gut wie wir, dass sie nur Verbrecher oder ähnliches Pack ans Kreuz nageln. Wir haben doch schon ein paar Mal solche Hinrichtungen draußen an der Via Appia miterlebt.
Alexamenos: Ich kann euch ja verstehen. Das klingt ja auch alles ziemlich verrückt. Aber es ist die Wahrheit. Jesus war unschuldig. Er ist wie ein Verbrecher hingerichtet worden, weil er unsere Schuld freiwillig auf sich nehmen wollte. Er hat es wirklich nur für uns getan.
Titus: Du meinst, eigentlich hätten wir das Todesurteil verdient? Also, hör' mal gut zu: Ich bin ein anständiger Mensch. Für mich jedenfalls brauchte dein Jesus nicht am Kreuz zu sterben.

Diese Spottzeichnung – so etwas wie ein antikes Graffiti – wurde vor einigen Jahrzehnten bei Ausgrabungen in Rom wieder entdeckt. Sie stammt wohl aus dem 2. Jahrhundert nach Christus.
Sie zeigt eine Gestalt mit einem Eselskopf, die an einem Kreuz hängt. Daneben blickt ein junger Mann zu der Gestalt am Kreuz.

Unter der Zeichnung steht in großen Buchstaben

ALEXAMENOS BETET ZU GOTT.

Dass Jesus als Gottes Sohn für uns am Kreuz gestorben sein soll – das haben Menschen immer wieder mit Kopfschütteln und höhnischem Spott kommentiert. Schon Paulus schreibt:

„Dass Jesus am Kreuz für uns starb, muss freilich all denen, die verloren gehen unsinnig erscheinen. Wir aber, die gerettet werden, erfahren gerade durch diese Botschaft vom Kreuz die ganze Macht Gottes."
1. Korinther 1,18

Aber es hat immer auch die anderen gegeben, die sich dazu bekannt haben:

Nun, was du, Herr, erduldet, ist alles meine Last.
Ich hab' es selbst verschuldet, was du getragen hast.
Schau her, hier steh' ich Armer, der Zorn verdienet hat.
Gib mir, o mein Erbarmer, den Anblick deiner Gnad.

Paul Gerhardt,
ein Liederdichter aus dem 17. Jahrhundert.

Aufgabe

Schon unter dem Kreuz Jesu gab es die unterschiedlichsten Reaktionen. Lies Markus 14,53 bis 15,41, um die Hintergründe der Kreuzigung besser zu verstehen. Versucht dann gemeinsam, die folgenden Fragen schriftlich zu beantworten.

1. ***Warum wird Jesus in aller Eile in einem gerichtlichen Blitzverfahren zum Tode verurteilt?***

2. ***Worin besteht nach Auffassung des Hohenpriesters das todeswürdige Verbrechen Jesu?***

3. ***Warum muss Jesus noch vor Pilatus erscheinen? Warum wird das Todesurteil nicht sofort vollstreckt?***

4. ***Ist Pilatus von der Schuld Jesu überzeugt? Was veranlasst ihn, das Todesurteil über Jesus zu bestätigen?***

5. ***Auf Darstellungen der Kreuzigungsszene ist auf einem Schild die Abkürzung INRI zu lesen. Was bedeutet sie?***

6. ***Wie lange dauerte der Todeskampf Jesu am Kreuz?***

7. ***Ein Einziger erkennt in dem Gekreuzigten den Sohn Gottes. Wer ist es? Und warum gerade er?***

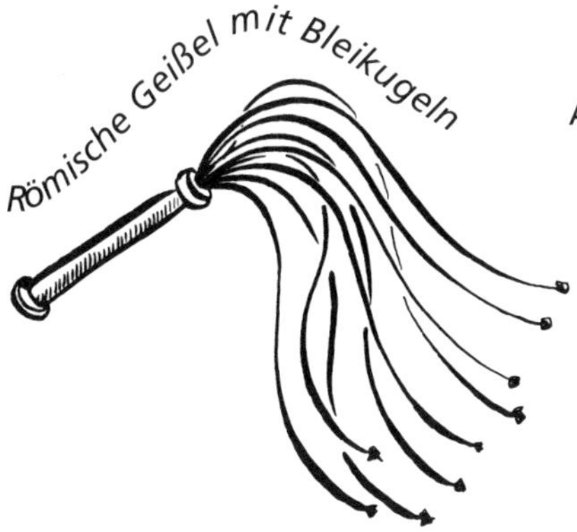

Am Kreuz Jesu schieden sich damals die Geister. Die einen haben für den Mann am Kreuz nur Hohn und Spott übrig; ein anderer aber ist von dem Geschehen ergriffen und erkennt in Jesus den Sohn Gottes. Und das ist kein Frommer, sondern der römische Hauptmann, der wahrscheinlich zuvor nie von Jesus gehört hatte.

Und wie ist das mit dem Kreuz heute?

Über das Kreuz regt sich heute niemand mehr auf. Es gibt ja auch so viele Kreuze: in Kirchen und auf Friedhöfen, auf Berggipfeln und am Wegesrand. Ein goldenes Kreuz am Kettchen macht sich sogar als Schmuckstück gut – oder als Talismann und Amulett. Über all den ehrwürdigen, wertvollen, hübschen, glattpolierten, niedlichen, goldenen Kreuzen haben wir vergessen, was das Kreuz in Wirklichkeit bedeutet.

Nein, das Kreuz ist kein ehrwürdiges Symbol, kein niedliches Schmuckstück – für den, der daran hing und starb, war es grausame Wirklichkeit.

Aufgabe

1. Was ist von dem Vorschlag eines Jugendlichen zu halten, sämtliche Kreuze abzuschaffen und sie durch Galgen zu ersetzen?

2. Paulus schreibt: „Wir aber, die gerettet werden, erfahren gerade durch diese Botschaft vom Kreuz die ganze Kraft Gottes." (1. Korinther 1,18) – Worin besteht wohl diese Kraft? Wie könnte sie sich in unserem Leben auswirken?

Sprecht miteinander darüber.

Um deutlichen zu machen, warum Jesus für uns gestorben ist, haben schon die Verfasser der biblischen Bücher Bilder und Vergleiche aus dem damaligen Alltag zur Hilfe genommen. Da finden wir etwa das Bild vom Sklavenfreikauf. Es war für die Menschen der Antike nichts Ungewöhnliches, wenn auf den Marktplätzen Sklaven zum Verkauf angeboten

wurden. Genau dieses Bild steht Petrus vor Augen, wenn er an die Gemeinden schreibt:
„Denkt daran, was es Gott gekostet hat, euch aus der Sklaverei der Sünde zu befreien, aus einem sinnlosen Leben, wie es schon eure Väter geführt haben. Christus hat euch losgekauft, aber nicht mit Geld, sondern mit seinem eigenen kostbaren Blut, das er als unschuldiges reines Lamm Gottes für uns geopfert hat." 1. Petrus 1,18.19

Es ist daher durchaus gerechtfertigt, den Tod Jesu mit aktuellen Bildern und Vergleichen zu veranschaulichen.

Der tschechische Maler Bodan Pivonka hat ein modernes Kreuzigungsbild gemalt, über das sich nachzudenken lohnt.

Aufgabe

Betrachte dieses Bild einen Augenblick und notiere dir dazu deine Gedanken.

Zum Schluss noch zwei Versuche, das Kreuzigungsgeschehen für uns zu deuten ...

Golgatha als Schuttabladeplatz

Archäologen haben herausgefunden, dass der Ort, an dem Jesus gekreuzigt wurde, zugleich die Müllhalde für die Bürger Jerusalems war: Sie kippten all ihren Dreck und Unrat dorthin. Wir dürfen unter dem Kreuz Jesu alle unsere Schuld abladen …

Jesus als Stuntman

Stellt euch vor: Im Fernsehen läuft mal wieder ein Edelwestern mit John Wayne in der Hauptrolle. Wie im Western halt so üblich wird der Held von Banditen in die Enge getrieben. Er hat kaum eine Chance. In den oberen Räumen des Westernsaloons spielt sich eine handfeste Keilerei ab. Da erwischt unseren Helden ein kurzer trockener Kinnhaken. Mit einem Satz fliegt er durch das geschlossene Fenster, durchbricht das Balkongeländer und landet äußerst unsanft im Staub des Dorfplatzes. Das war's dann wohl: Überall Prellungen und ein paar gebrochene Knochen – aus der Kampf! Doch denkste: Der Held rappelt sich wieder hoch, schüttelt sich den Staub aus der Mütze und stürzt sich von neuem ins Kampfgetümmel. Nanu, wie kann John Wayne das auf seine alten Tage noch so lässig wegstecken?
Die Antwort ist einfach:
Den Sturz aus dem Fenster hat er sich gespart – genauso wie die vielen anderen gefährlichen Szenen des Films. Denn solche Szenen werden stellvertretend für den Star gedoubelt – und zwar von hoch bezahlten Stuntmen. Die werden für die z.T. lebensgefährlichen Situationen extra verpflichtet, damit den Filmstars selbst kein Haar gekrümmt wird.

Und nun wisst ihr natürlich längst, worauf ich hinaus will:
Für uns alle gibt es eine lebensbedrohliche Situation. Die tritt dann ein, wenn Gott als unser Richter Rechenschaft für unser Leben fordert. Das ist bei weitem schlimmer als der erwähnte Sturz aus dem Fenster. Es würde unweigerlich unser endgültiges Aus bedeuten – wenn, ja wenn Gott nicht einen hoch qualifizierten Stuntman für uns bereitgestellt hätte: Jesus, seinen eigenen Sohn. Der hat stellvertretend für uns am Kreuz von Golgatha unseren Sturz ins Aus gedoubelt. Wir hätten sonst keine Chance, diesen Sturz zu überleben, wenn wir darauf beständen, ihn selbst auszuführen. Allein Gottes hochkarätiger Stuntman Jesus kann uns davor bewahren, dass wir uns an unserer eigenen Schuld das Genick brechen.

6. AUFERSTEHUNG

- Das Unmögliche wird wahr

Als Jesus am Kreuz starb, da waren fast alle seine Jünger vor Angst geflohen. Verzweiflung hatte sie gepackt. Ihre Lage erschien ihnen hoffnungslos. Doch schon wenige Tage später ereignen sich seltsame Dinge ...

Dreister Betrug – oder sensationelles Wunder?

Ein BRIEF:

Lieber Nathanael!

Halt dich fest - denn was ich dir jetzt schreibe, wird dich umhauen: Jesus lebt! Er ist von den Toten auferstanden!!! Nein, ich spinne nicht, lieber Freund. Es ist die Wahrheit! Ich hab' es ja selbst nicht glauben können. Bis gestern Abend habe ich Petrus und die andern ausgelacht, wenn sie von ihrer Begegnung mit dem auferstandenen HERRN erzählten. Sie haben mich immer nur mitleidig angelächelt und gemeint, wenn ich dabei gewesen wäre, dann würde ich nicht so dumme Bemerkungen machen. Aber gestern Abend war ich dabei. Wir haben uns heimlich nach Einbruch der Dunkelheit in Marias Haus getroffen. Plötzlich - wir waren noch gar nicht so lange zusammen - da stand ER mitten unter uns. Ich denke: Thomas, bleib cool. Das kann einfach nicht wahr sein! Doch ehe ich einen Ton rauskriege, sagt ER zu mir: „Thomas, fass mich an!" Da habe ich seine Hände ergriffen und gesehen, wie sie von der Kreuzigung durchbohrt waren. Im selben Augenblick spürte und wusste ich: ER ist es wirklich! ER lebt! Ich bin vor ihm niedergefallen und habe geweint vor Freude. Wir haben noch manches miteinander gesprochen. ER hat uns Mut gemacht. Wir haben miteinander gegessen. Doch dann war ER von einer Sekunde zur anderen verschwunden - so plötzlich, wie ER gekommen war. In der Stadt ist schwer was los. Heute erschien ein Bericht in der „Jerusalemer Allgemeinen" mit der Überschrift „Dreister Leichenraub!" Darin werden wir als „aufrührerische Elemente" bezeichnet. Man wirft uns doch tatsächlich vor, wir hätten den Leichnam Jesu gestohlen, um das Märchen von der Auferstehung in die Welt zu setzen. Wenn die wüssten! Das Pflaster hier in Jerusalem ist jetzt ziemlich heiß. Komm so schnell du kannst zum See Tiberias. Wir rechnen damit, dass wir dem HERRN dort noch einmal begegnen. Du wirst staunen!

Schalom! Thomas

Jerusalemer Allgemeine

DREISTER LEICHENRAUB

Unbekannte Täter drangen in der Nacht zum Sonntag in ein neu angelegtes Grab in der Vorstadt ein. Laut Polizeibericht entwendeten sie den dort bestatteten Leichnam. Zur Stunde ist noch unklar, wie die besonderen Sicherheitsmaßnahmen der Behörden überwunden werden konnten. An der Aufklärung dieser unverfrorenen Grabschändung wird fieberhaft gearbeitet. Inzwischen haben aufrührerische Elemente, vermutlich von ausländischen Drahtziehern bezahlt, diesen Vorfall dazu benutzt, um wahrheitswidrig zu behaupten, der Tote sei auf wunderbare Weise wieder zum Leben erweckt worden. Die Bevölkerung wird aufgefordert, derartige Versuche, Unruhe zu verbreiten und die öffentliche Ordnung zu stören, sofort anzuzeigen.
Hinweise, die zur Ergreifung der Täter führen, werden belohnt!

Felsengrab mit Rollstein – in ein solches Grab wurde der Leichnam Jesu gelegt

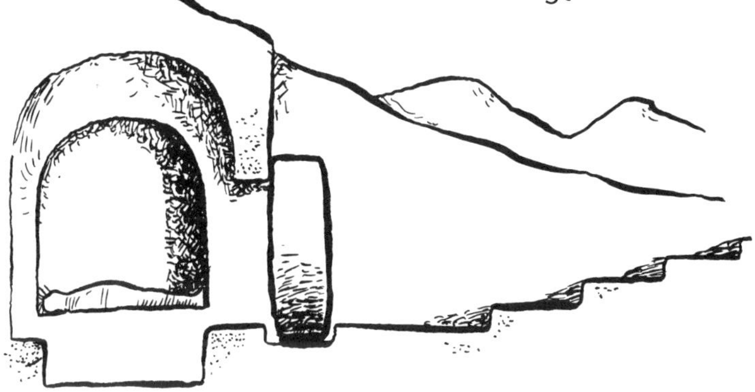

Blick aus der Grabkammer

Jesus ist von den Toten auferstanden! Diese Nachricht war selbst für den Jünger Thomas zuerst einfach unglaublich. Dieses Ereignis ist für unseren Verstand wirklich nicht zu fassen. Darum kann man verstehen, dass bis heute die Tatsache der Auferstehung Jesu bestritten wird – und zwar mit folgenden Argumenten:

1. **Betrug der Jünger:** Sie haben den Leichnam gestohlen und erfinden die Story von der Auferstehung Jesu, um nicht als die Blamierten dazustehen.
2. **Einbildung der Jünger:** Die Jünger haben sich so sehr nach Jesus zurückgesehnt, dass sie sich seine Auferweckung schließlich eingebildet und gegenseitig damit angesteckt haben.
3. **Missverständnis der Jünger:** Jesus war nur scheintot. Er kommt am 3. Tag zu sich und erscheint seinen Jüngern, was diese als Auferstehung missverstehen.

Aufgabe

Was sagt die Bibel zu diesen Argumenten?
Die angegebenen Stellen sind eine Hilfe, auf die Argumente einzugehen.
zu 1.: 1. Korinther 15,6-8; Apostelgeschichte 9,1-5
zu 2.: Markus 16,9-14
zu 3.: Johannes 19,32f.; Matthäus 27,59.60

Wir wollen uns einen der Texte, in denen Jesus nach seiner Auferstehung den Jüngern begegnet, noch einmal etwas näher anschauen:

Johannes 20,19-21:

19. An diesem Sonntagabend hatten sich alle Jünger versammelt. Aus Angst vor den Juden ließen sie die Türen fest verschlossen. Plötzlich war Jesus bei ihnen. Er trat in die Mitte und grüßte sie: „Friede sei mit euch!"
20. Dann zeigte er ihnen die Wunden in seinen Händen und an seiner Seite. Als die Jünger ihren Herrn sahen, freuten sie sich sehr.
21. Und Jesus sagte noch einmal: „Friede sei mit euch! Wie mich der Vater in diese Welt gesandt hat, so sende ich euch in die Welt!"

„Aus Angst vor den Juden ließen sie die Türen fest verschlossen. Plötzlich war Jesus bei ihnen. Er trat in die Mitte und grüßte sie: „Friede sei mit euch!" – Joh. 20,19

Aufgabe

Welche Antworten finden wir in dem gerade gelesenen Text auf die folgenden Fragen?

- ***Woran zeigt sich, dass Jesus nach seiner Auferstehung nicht einfach derselbe war wie vor seinem Tod?***
- ***Warum zeigt Jesus den Jüngern seine Hände und seine Seite?***
- ***Was bedeutet es, dass Jesus seine Jünger aussendet? Welche Folgen hatte dieser Auftrag?***

Der Glaube an Jesus Christus steht und fällt mit seiner Auferstehung. So sieht es jedenfalls der Apostel Paulus:
„Wenn Christus nicht von den Toten auferweckt wurde, ist euer Glaube nichts als eine Illusion, und ihr seid auch von eurer Schuld nicht frei. Ebenso wären auch alle verloren, die im Glauben an Christus gestorben sind. Wenn der Glaube an Christus uns nur für dieses Leben Hoffnung gibt, sind wir die bedauernswertesten unter allen Menschen."

1. Korinther 15,17-19

Die Auferstehung Jesu ist Bestätigung und Begründung zugleich:

1. Gott bestätigt Jesus

INRI stand über dem Kreuz – die Abkürzung für „Jesus von Nazareth, König der Juden". Das war als Verspottung gedacht. Durch die Auferweckung Jesu bestätigt Gott es nun: Er, Jesus, ist tatsächlich der König der Juden. Und: Was am Kreuz noch wie eine Niederlage aussah, das wird in der Auferweckung nun Triumph. Jesus hat ein für alle Mal die Schuld der Menschen getilgt. Er hat Hölle, Tod und Teufel bezwungen.
Die folgende kleine Geschichte kann dir diesen unauflösbaren Zusammenhang von Kreuz und Auferstehung Jesu verdeutlichen:

Wellington besiegt …

Angeblich ist das Ergebnis der Schlacht von Waterloo 1815 über ein optisches Signalsystem nach England übermittelt worden. Die Beobachter in England sahen das Signal und entzifferten: „Wellington besiegt." Da sank ihnen das Herz. Aber dann wurde noch ein Zeichen hinzugefügt: „Wellington besiegt … den Feind." Die scheinbare Niederlage wandelte sich in Sieg, und die Männer jubelten. Genau dieselbe Bedeutung hatte die Auferstehung für Jesus. Das Kreuz, die erste Hälfte der Botschaft, sah wie eine vollständige Niederlage aus. Die Auferstehung, die zweite Hälfte der Botschaft, verwandelte die Niederlage in einen großartigen Sieg.

… den Feind

2. Jesu Auferstehung begründet unsere Hoffnung

Wenn Jesus wirklich vom Tode auferstanden ist, dann ist er stärker als der Tod. So gibt es auch eine Hoffnung für uns: die Hoffnung, dass mit dem Tode eben nicht alles aus ist, sondern dass Jesus uns einmal auferwecken wird – so wie er von Gott auferweckt wurde. So hat es Jesus auch seinen Jüngern versprochen:
„Ich lebe – und ihr sollt auch leben." (Johannes 14,19)

Aufgabe

Was unterscheidet den christlichen Glauben an die Auferstehung vom Glauben an die Unsterblichkeit der Seele oder ein irgendwie anderes Weiterleben nach dem Tode? Tauscht eure Meinungen dazu aus!

Niemand hat Anfang und Ende seines Lebens in der Hand. Das ist sicher gut so. Aber stell' dir einmal vor, du hättest nur noch einen Tag zu leben. Was würdest du dann tun?

Wenn heute mein letzter Tag wäre ...

Es geht ohne Gott in die Dunkelheit.
Aber mit ihm gehen wir ins Licht.
Sind wir ohne Gott,
macht die Angst sich breit.
Aber mit ihm fürchten wir uns nicht.
Manfred Siebald

UMKEHR – 7.

Die Kurve kriegen

Wo Jesus Menschen begegnete, da blieben sie meist nicht die Alten. Entweder ärgerten sie sich wahnsinnig über ihn – oder sie erkannten in ihm den angekündigten Messias, und ihr Leben wurde schlagartig verändert. So passierte es auch SIMON PETRUS, als er eines Tages eine umwerfende Erfahrung mit Jesus machte …

Thaddäus, ein alter Fischer, erzählt:

Ja, ich kann mich noch gut an jenen denkwürdigen Morgen erinnern, als die Fischer abgekämpft und müde am Strand saßen und die Netze flickten. Nichts, aber auch gar nichts hatten sie gefangen. Ich setzte mich zu ihnen, um sie ein bisschen aufzuheitern: „Kopf hoch, Jungs, in der nächsten Nacht werdet ihr wieder mehr Glück haben." Plötzlich näherte sich vom Ort her eine große Menschenmenge. „Nanu", dachte ich, „was wollen die denn alle hier?"
Bald hatten wir raus, dass da wieder irgend so ein hergelaufener Wanderprediger für Auflauf gesorgt hatte. Weißt du, einer von diesen seltsamen Vögeln, die den Leuten mit ihren religiösen Fantasien die Hucke volllabern. Na, mir kann man damit nicht kommen. Ich lasse mich von so einem nicht bequatschen. Aber die Frauen – die waren natürlich gleich wieder hellauf begeistert. Und dann so ein paar Leute, die vielleicht dachten, der Rabbi würde mal bei den Römern aufräumen und sie aus Palästina verjagen. Bis dahin war ja noch nichts Bemerkenswertes passiert. Aber dann forderte der Rabbi plötzlich den Simon auf, die Boote startklar zu machen und die Netze nochmals auszuwerfen. Ich denk, ich hab mich verhört, als er das sagt. Der Mann hat doch keine Ahnung vom Fischen. Am helllichten Tage mitten auf dem See die Netze auswerfen – das ist doch totaler Blödsinn. Einige rufen Petrus noch zu: „Sag deinem Rabbi mal, er spinnt."
Doch was tut Simon? Ohne ein Wort zu sagen, steigt er ins Boot und rudert mit seinen Leuten los. Ich denk noch: „Die werden sich bis auf die Knochen blamieren!", als die Männer auf dem See plötzlich alle Hände voll zu tun haben, um die prall gefüllten Netze an Bord zu ziehen. Das gibt's doch nicht!

Als sie dann schließlich wieder ans Land kommen, da waren alle total aus dem Häuschen. Nur der Simon nicht. Statt vor Freude in die Luft zu springen und seinen Rabbi zu umarmen, macht er einen Kniefall vor ihm. Das habe ich echt nicht mehr kapiert. Er hätte mit dem Rabbi doch ein Geschäftsabkommen schließen können. Das hätte seinen Umsatz bestimmt verzehnfacht und er wäre längst ein gemachter Mann. Stattdessen hängt er die Fischerei an den Nagel, lässt seinen Kahn verrotten und läuft diesem Rabbi nach. Ich kann's heut noch nicht begreifen, dass Simon sich die Chance seines Lebens entgehen ließ ...

So weit der Bericht eines möglichen Augenzeugen. Trotz seiner kritischen Distanz zu dem fremden Rabbi kommt Thaddäus nicht darum herum, seine ungeahnten Fähigkeiten als Fischerei-Experte anzuerkennen. Umso weniger kann er verstehen, dass Petrus seinen Beruf aufgibt. Hat Petrus nun die Chance seines Lebens ergriffen – oder hat er sie, wie Thaddäus meint, für immer verpasst?

Wir befragen dazu den entsprechenden Bibeltext: Lukas, 5,1-11:

1. Eines Tages drängt sich am See Genezareth eine große Menschenmenge um Jesus. Alle wollten Gottes Wort hören.
2. Am Ufer lagen zwei leere Boote. Die Fischer hatten sie verlassen und arbeiteten an ihren Netzen.
3. Da stieg Jesus in das Boot, das Petrus gehörte, und bat den Fischer, ein Stück auf den See hinauszurudern, damit ihn alle besser sehen und hören konnten. Vom Boot aus sprach Jesus dann zu den Menschen.
4. Anschließend sagt er zu Petrus: „Fahrt jetzt weiter auf den See und werft eure Netze aus!"
5. „Herr", gab Petrus zu bedenken, „wir haben die ganze Nacht gearbeitet und nichts gefangen. Aber weil du es sagst, will ich es wagen."
6. Sie warfen ihre Netze aus und fingen so viele Fische, dass die Netze zu zerreißen drohten.
7. Deshalb winkten sie den Fischern im anderen Boot, ihnen zu helfen. Bald waren beide Boote bis zum Rand beladen, sodass sie beinahe sanken.
8. Als Petrus das sah, fiel er erschrocken vor Jesus nieder und rief: „Herr, geh weg von mir! Ich bin ein sündiger Mensch!"
9. Er und alle anderen Fischer waren fassungslos über diesen Fang,
10. auch Jakobus und Johannes, die Söhne des Zebedäus, die Petrus bei der Arbeit geholfen hatten. Aber Jesus sagte zu Petrus: „Fürchte dich nicht! Du wirst jetzt keine Fische mehr fangen, sondern Menschen für mich gewinnen."
11. Sie brachten die Boote an Land, verließen alles und gingen mit Jesus.

Aufgabe

Beantworte die folgenden Fragen zunächst schriftlich. Tauscht euch anschließend über eure Antworten aus.

1. ***War die Begegnung am Strand der erste Kontakt zwischen Petrus und Jesus von Nazareth?***

2. ***Ist Petrus in blindem Gehorsam der Aufforderung Jesu gefolgt – und „ohne ein Wort zu sagen" (so Thaddäus) losgerudert?***

3. ***Thaddäus hätte erwartet, dass Petrus dem Rabbi um den Hals fällt. Stattdessen überfällt Petrus ein großer Schrecken und er kniet vor Jesus nieder. Wie erklärst du dir dieses Verhalten?***

4. ***Thaddäus meint, Petrus hätte Jesus ein geschäftliches Abkommen vorschlagen sollen. Wie denkst du darüber?***

5. ***Was hat Petrus veranlasst, dem Ruf Jesu zu folgen? Wie beurteilst du den neuen Beruf des Menschenfischers im Vergleich zur bisherigen beruflichen Tätigkeit des Petrus?***

UMKEHR heißt: START zu einem neuen Leben mit JESUS

Die Kurve zu Jesus zu kriegen heißt auch: Nicht mehr länger in der Masse mitlaufen, sondern mutig gegen den Strom schwimmen.

Wir wollen noch ein wenig darüber nachdenken, was die Geschichte von der Berufung des Petrus für uns heute bedeuten könnte. Dazu drei Feststellungen und drei sehr persönliche Fragen.

Fragen

1. ***Der erstaunliche Wandel im Leben des Petrus kam zustande, als er dem Wort Jesu trotz mancher Bedenken Glauben schenkte. Petrus hatte Vertrauen zu Jesus – und er war bereit zu schlichtem Gehorsam.***

➔ ***Wie steht es um dein Vertrauen zu Jesus? Wärest du zu konkretem Gehorsam bereit, z.B. wenn Jesus dir jetzt klarmachen würde, dass du ein begangenes Unrecht wieder in Ordnung bringen solltest?***

2. ***Bevor Petrus eine – im wahrsten Sinne des Wortes – umwerfende Erfahrung macht, geht er ein ziemliches Risiko ein: Er hatte zwar das Versprechen Jesu auf einen guten Fang, aber dagegen stand das Risiko, sich vor allen Leuten bis auf die Knochen zu blamieren. Petrus hatte den Mut zum Risiko.***

➔ ***Wie steht es um deine Risikobereitschaft? Lebst du nach der Devise: Nur nicht auffallen; immer schön mit der Masse mitschwimmen? Ob du dich vielleicht deswegen nicht näher auf Jesus einlassen möchtest, weil du fürchtest, du könntest dich mit diesem Jesus vor anderen nur blamieren?***

3. ***Die neue Aufgabe, zu der Petrus berufen wird und die sein ganzes weiteres Leben ausgefüllt hat, heißt: „Von nun an wirst du Menschen fischen.“ Petrus hat in seinem neuen Beruf eine Menge Geduld, Liebe und Ausdauer gelernt, um Menschen für Jesus zu gewinnen.***

➜ ***In einem alten Slogan der CVJM-Arbeit heißt es: „Wer junge Menschen für Jesus fischen will, der muss sein Herz an die Angel hängen.“ Erkennst du bei deinem Gruppenleiter oder Pastor, dass er diese Parole beherzigen möchte? Bist du wie ein Fisch, der im entscheidenden Moment seinem Menschenfischer doch wieder aus der Hand flutscht? Bist du aalglatt, wenn einer dich für Jesus gewinnen möchte?***

Das griechische Wort für Fisch, Ichtys, ist zusammengesetzt aus den Anfangsbuchstaben der griechischen Wörter für:

Jesus – Christus – Gottes – Sohn – Retter

und wurde zum Erkennungszeichen der Christen.

UMKEHR mit Folgen:
Mitgegangen – mitgehangen

Nach einer alten Legende wurde Petrus in Rom auf seine Bitte hin mit dem Haupt nach unten gekreuzigt. Daran erinnert diese Zeichnung. „Mitgegangen – mitgehangen“ hat der Künstler das Bild unterschrieben. Nachfolge bewahrt nicht vor dem Kreuz, sondern führt zum Kreuz.

Viele Fragen haben wir in diesem Heft schon bedacht, die mit Gott und dem Glauben zusammenhingen. Manchmal kann einem der Kopf dabei ganz schön rauchen – und vielleicht gab es auch Situationen, wo du überhaupt nicht mehr durchgeblickt hast. Trotzdem rechnen wir damit, dass durch das Nachdenken und die Gespräche das Wunder geschieht, dass dir plötzlich ein Licht aufgeht und du ganz genau spürst, dass Jesus es auch mit dir zu tun haben will. Wir haben ja schon darüber gesprochen, dass Jesus vor der Tür unseres Lebens steht und uns darum bittet, dass wir ihn hineinlassen (siehe oben Seite 28). Wenn du sein Klopfen hörst, dann kannst du antworten. Du kannst in einem Gebet Jesus ganz persönlich bitten, in dein Leben zu kommen und die Führung zu übernehmen. Das folgende „Start mit Jesus"-Gebet entstand auf einer Freizeit mit Jugendlichen. Es kann auch dein Gebet werden.

Start mit Jesus

– Ein persönliches Gebet –

Herr, du hast mich gerufen, und ich habe deinen Ruf gehört.
Du möchtest in mein Leben hineinkommen und die Führung übernehmen.
Herr, ich danke dir, dass ich dir so wichtig bin und du einen Plan und ein Ziel für mein Leben hast.
Ich bekenne dir, dass ich oft gleichgültig an dir vorbeigelebt habe und dein Wort nicht wichtig nahm.
Herr, in meinem Leben war nicht alles richtig, was ich gedacht, geredet und getan habe.
Ich bekenne dir meine Schuld und bitte dich herzlich, dass du sie mir vergibst.
Du bist ja auch für mich am Kreuz gestorben.
Herr Jesus, so bitte ich dich:
Komm du in mein Leben.
Ich möchte von jetzt an ganz zu dir gehören.
Ich danke dir, dass du mir die Treue hältst, auch wenn ich

wieder schwach werde und versage. Ich verlasse mich darauf, dass du im Alltag bei mir bist und ich deine Hilfe jederzeit in Anspruch nehmen darf.
Danke für alles, was du für mich getan hast und noch weiter tun wirst.
Amen

Wann gehst du an den Start?

8. VERGEBUNG

– Die eigene Schuld loswerden

Schon als wir über die Passion Jesu nachdachten, haben wir von unserer Schuld gesprochen. Denn Jesus ist ja für uns gestorben. Er hat am Kreuz unsere Schuld übernommen, damit wir einmal frei vor Gott treten können und die wohlverdiente Strafe für unsere Schuld nicht mehr fürchten müssen. Nun wollen wir noch etwas gründlicher über unsere Schuld nachdenken und darüber, wie wir sie loswerden können …

Der Fleck sitzt innen

Ein Berliner Fensterputzer macht sich morgens missgelaunt an die Arbeit. Eine Schaufensterscheibe soll er putzen.
Auf der Straße, neben der Leiter, steht ein Berliner Junge, zehn Jahre, schaut zu. Der Junge lächelt. Der Fensterputzer putzt. Ein hässlicher Fleck, nicht wegzukriegen! Der Mann putzt. Der Junge grinst.
Der Mann oben auf der Leiter: „Was grinst du denn da unten?"
Der Junge: „Ich will sehen, wie lange du noch brauchst, bist du endlich merkst: Der Fleck sitzt innen!"

Reinlich, aber nicht rein.

Er schrubbt sich mit Seife und Bürste, aber der Dreck sitzt innen.
Für schwarze Herzen genügt *Rei in der Tube* nicht.
Es gibt einen Schmutz, von dem wir uns auch mit dem besten Willen nicht selbst befreien können.
Diesen Schmutz nennt die Bibel *SÜNDE.*
War also gar nicht mal so dumm, dass kleine Kinder früher beteten:
„Ich bin klein, mein Herz mach rein …"

Aufgabe

Die Bibel stellt eine eindeutige Diagnose des menschlichen Herzens. Schlag die angegebene Bibelstelle auf und trage sie hier ein.

Römerbrief, Kapitel 3, Vers 23:

....

....

....

Es erfordert Mut und Wahrhaftigkeit, sich der biblischen Diagnose zu stellen und zu seiner eigenen Schuld zu stehen. Meistens versucht der Mensch, die Schuld auf andere abzuwälzen. Dieses „Schwarze-Peter-Spiel" praktiziert der Mensch seit Adam und Eva. Nur: Seine Schuld wird er auf diese Weise nicht los.

Gott spielt nicht mit

Als Gott Adam nach dem Sündenfall zur Rede stellt, da redet er sich heraus und schiebt den „schwarzen Peter" Eva zu: „Die Frau, die du mir gegeben hast, die war's." Als Gott daraufhin Eva anspricht, da gibt sie der Schlange die Schuld für den Sündenfall.
Und was macht Gott? Gott spielt dieses Spiel nicht mit. Adam und Eva

Adams und Evas Sünde – eine gemeinsame Sache

sind beide schuldig geworden. Ihre Sünde war gemeinsame Sache. Das hat der Zeichner ganz richtig getroffen. Und darum zieht Gott Adam und Eva für ihre Schuld zur Rechenschaft. Die Folge war die Vertreibung beider aus dem Paradies (lies 1. Mose 3).

Wir können auf alle erdenkliche Weise versuchen, unsere Schuld vor Gott loszuwerden: Wir können sie bestreiten, verdrängen, verharmlosen oder andern in die Schuhe schieben. Aber wir werden den „Klotz am Bein" nicht los.
Selbst wenn du immer noch in ungläubigem Staunen fragst: „Ja, bin ich denn wirklich durch und durch so ein Sünder? Ist die Sünde tatsächlich wie ein Klotz, den ich von mir aus nicht mehr loswerde?", dann lass dir sagen: Ja, so ist es!

Aufgabe

Die Bibel zeigt uns aber nicht nur unsere Schuld vor Gott. Sie zeigt uns auch, wie wir damit ins Reine kommen.
Notiere dir die folgende Bibelstelle aus dem 1. Johannesbrief, Kapitel 1, Verse 7b-9:

Das Blut Jesu Christi ... .

....

....

Vergebung hat Folgen

„Wenn wir unsere Sünden bekennen ..." Sündenvergebung geschieht also nicht automatisch. Vergebung erlangt, wer ehrlich vor Gott ist. Wo ich das bin, da darf ich aber auch wissen: Gott vergibt mir meine Schuld ein für alle Mal. Er wird nicht mehr darauf zurückkommen. Bei Gott heißt „vergeben" immer auch „vergessen". Allerdings hat seine Vergebung Folgen – für unser eigenes Leben, aber auch für unser Verhalten anderen gegenüber. Das wollen wir uns anhand einiger Fragen klarmachen.

Aufgabe

- ***Versucht, gemeinsam auf die folgenden Fragen eine Antwort zu finden. Wo und wie kann ich konkret Vergebung erfahren? Was ist das sichtbare Zeichen dafür, dass mir meine Sünden vergeben sind?***

- ***Genügt es, nur Gott seine Sünde zu bekennen, wenn ich zugleich auch an einem Menschen schuldig geworden bin?***

- ***Wie ist die Bitte des Vaterunsers zu verstehen: „Vergib uns unsere Schuld wie auch wir vergeben unsern Schuldigern?"***

Die Raben in meinem Kopf

Herr, der Luther hat Ja gesagt:
„Man kann nichts daran machen, wenn einem die schwarzen Raben oder Krähen um den Kopf herumfliegen, aber wir können es verhindern, wenn sie sich Nester darauf bauen und uns auch noch die Haare dafür ausrupfen."
Das ist schlimm, und das passiert gerade bei mir. Herr, die wollen Nester in meinem Kopf bauen, und ich helfe ihnen dabei. Das ist das Schlimmste. Ich will die Gedanken nicht loswerden, bei denen ich, ich, ich immer im Mittelpunkt stehe. Ich befriedige mich selbst, ich feiere Orgien in Selbstbefriedigung. Ich versuche, meinen Körper, meinen Geist, meine Seele selbst zu befriedigen, mit mir selbst. Eine grässliche Ichsucht ist in mir. Ich zerre mich immer in den Mittelpunkt, ich denke nur an mich. Herr, das ist schrecklich, wie die Raben Nester in meinem Kopf bauen, und ich helfe ihnen noch dabei. Herr, jage du doch die Raben weg. Herr, es ist nicht gut für mich, ich weiß es. Sie zerstören mich, ich zerstöre mich selbst. Bitte, bitte, Herr, hilf mir doch.

Aus Fritz Pawelzik, „Halleluja vom heißen Ofen",
Aussaat Verlag, Neukirchen-Vluyn.

„Glücklich der,
dem Übertretung vergeben,
dem Sünde zugedeckt ist!
Glücklich der Mensch,
dem der HERR die Schuld nicht zurechnet
und in dessen Geist kein Trug ist!"
Von David (Psalm 32, Vers 1 und 2)

GLAUBEN – 9.

In der Spur Jesu bleiben

„Aller Anfang ist leicht!" Das gilt jedenfalls meist für das Christwerden, den Start für ein Leben mit Jesus. Auf einer Sommerfreizeit z.B. macht mancher Jugendliche einen Anfang mit Jesus. Doch einige Zeit später, wenn der Alltag wieder da ist, stellt er resigniert fest: „Die Sache mit dem Glauben haut ja doch nicht hin!"
Andere, die sich sogar offen zu Jesus bekannt haben, wollen plötzlich nichts mehr von ihm wissen. Ist der Glaube nur etwas für religiös veranlagte Menschen? Hält er den Problemen des Alltags nicht stand? Oder woran liegt es, wenn einer nicht mehr mit Jesus klarkommt? Schon zu Jesu Lebzeiten gab es Menschen, die erst ganz begeistert von ihm waren, ihn wegen seiner Wunder und Machttaten bewunderten und bejubelten – und sich dann eines Tages doch enttäuscht von ihm abwandten. Gerade hatten sie miterlebt, wie Jesus eine Menge von 5000 Leuten mit wenigen Broten und Fischen sattgemacht hatte. Da hätten sie ihn am liebsten gleich zum König ausgerufen. Doch kurze Zeit später, nach einem Auftritt in der Synagoge von Kapernaum, da waren die Bewunderer stocksauer auf ihren Meister. Scharenweise liefen sie ihm davon. Was war bloß geschehen? Belauschen wir einmal zwei dieser Bewunderer, die gerade ziemlich erregt und laut schimpfend die Synagoge verlassen ...

Dieser Jesus ist unmöglich!

Levi: Nein, das war unmöglich, was Jesus da eben geboten hat.
Ruben: Uns so vor den Kopf zu stoßen – wo wir seit Wochen unter den Leuten Stimmung für ihn machen. Nach dieser Vorstellung habe ich die Nase gestrichen voll.
Levi: Du hast Recht. Das können wir uns nun wirklich nicht bieten lassen. Die Leute lachen ja noch über uns.
Ruben: Mensch, war mir das peinlich, als er plötzlich davon redete, dass wir sein Fleisch essen und sein Blut trinken müssten. Hast du mitgekriegt, wie selbst seine engsten Anhänger betreten zu Boden guckten und unruhig auf ihren Plätzen hin und her rutschten?
Levi: Ach, wenn's nur das gewesen wäre! Aber die Pharisäer und Schriftgelehrten saßen ja auch in der Synagoge. Die reckten mit einem Male triumphierend ihre Hälse, als ob sie sagen wollten: Da seht ihr's mal wieder, was für einem verrückten Rabbi ihr hinterherlauft!

JESUS,
halte mich fest, wenn meine Hände dich loslassen wollen und ich jeden Halt verliere und mein Leben ins Nichts fällt. Jesus, halte mich fest. Jesus, bleib bei mir, wenn meine Füße von dir weglaufen wollen und ich das Ziel verliere und mein Leben ausweglos wird. Jesus, halte mich fest. Jesus, schau auf mich, wenn meine Augen sich verführen lassen und ich jeden Blick verliere und meine Sehnsucht mich verführt. Jesus, schau auf mich.

Hermann Traub

Ruben: Aber nun sag mir mal, warum Jesus überhaupt so ein unsinniges Zeug daherredet. Wenn's mal nur so beiläufig gewesen wäre, aber er hat ja ständig von so blutrünstigen Dingen geredet.
Levi: Wenn ich wüsste, was da in ihn gefahren ist! Ich hab' das ja noch halbwegs kapiert, als er davon redete, das Brot des Lebens zu sein. Schließlich hat er uns erst vor wenigen Tagen noch satt gemacht: Ein paar tausend Leute mit wenigen Broten und Fischen. Das war schon was. So ein tolles Wunder hätte ich mir auch heute wieder gewünscht.
Ruben: Leider kam alles ganz anders. Für mich ist jetzt Schluss. Ich steig aus.
Levi: Ja, ich möchte mich auch nicht noch einmal so blamieren. Vielleicht haben wir uns doch allzu sehr von seinen Wundern berauschen lassen.
Ruben: Vielleicht ist Jesus auch der Erfolg zu Kopf gestiegen, dass er jetzt so ausflippt. Wer weiß?

Soweit das Gespräch zwischen Ruben und Levi. Uns macht dieses Gespräch neugierig: Was ist an jenem denkwürdigen Tag wirklich in der Synagoge von Kapernaum vorgefallen? Was hat Jesus gesagt – und wie war die Reaktion seiner Zuhörer? Wie hat sich der engste Kreis der zwölf Jünger verhalten? Wir lesen dazu Ausschnitte aus Johannes 6, 47ff.:

47. „Deshalb sage ich euch: Wer an mich glaubt, der hat jetzt schon das ewige Leben!
51. Ich bin das Brot, das von Gott gekommen ist und euch das Leben gibt. Jeder, der dieses Brot isst, wird ewig leben. Und dieses Brot ist mein Leib, den ich hingeben werde, damit die Welt leben kann."
52. Nach diesen Worten kam es unter den Juden zu einer heftigen Auseinandersetzung. „Will dieser Mensch uns etwa seinen Leib zu essen geben?", fragten sie.
53. Darauf erwiderte Jesus: „Das eine steht unumstößlich fest: Wenn ihr den Leib des Menschensohnes nicht esst und sein Blut nicht trinkt, habt ihr kein ewiges Leben.
54. Nur wer meinen Leib isst und mein Blut trinkt, der hat ewiges Leben, und ich werde ihn am letzten Tag auferwecken."
60. Aber damit hatte er viele von denen verärgert, die ihm bisher

gefolgt waren. „Das ist ja unerhört!", meinten sie. „Nein, das ist zu viel!"

66. Nach dieser Rede wandten sich viele von Jesus ab und gingen nicht mehr mit ihm.
67. Da fragt Jesus auch seine zwölf Jünger: „Wollt ihr auch weggehen und mich verlassen?"
68. „Herr, zu wem sollen wir denn gehen?", antwortete Simon Petrus. „Nur deine Worte bringen ewiges Leben.
69. Wir glauben und haben erkannt, dass du Christus, der Sohn Gottes, bist."

Aufgabe

Klärt im gemeinsamen Gespräch die folgenden Fragen:

- ***Welche Aussage in der Predigt Jesu provoziert seine Zuhörer am meisten?***
- ***Warum ist verständlich, dass die Zuhörer die Worte Jesu als skandalös empfanden?***
- ***Wir können die Worte Jesu heute besser verstehen – warum? (vgl. 1. Kor. 11, 23-25)***
- ***Dass seine Anhänger Jesus damals nicht verstanden haben, kann man ihnen nicht zum Vorwurf machen. Trotzdem muss man ihnen ein paar kritische Fragen stellen. Welche z.B.?***
- ***Wie ist die Frage Jesu an die zwölf engsten Mitarbeiter zu verstehen: „Wollt ihr auch weggehen?"***
- ***Versucht einmal, die Antwort von Petrus mit eigenen Worten wiederzugeben.***

Ob wir uns enttäuscht von Jesus abwenden oder bei ihm bleiben – das hängt entscheidend davon ab, ob wir es wirklich ernst meinen und darum nicht gleich bei der ersten Enttäuschung die Flinte ins Korn werfen, sondern damit zu Jesus gehen; ihm sagen, was uns bewegt und ihn bitten, uns nicht hängen zu lassen (vgl. das „Raben-Gebet" auf Seite 52).

Wem läufst du nach?

Der dänische Philosoph und Theologe Sören Kierkegaard hat einmal gesagt: „Es gibt zwei Arten von Christen: den Nachfolger Jesu – und die billigere Ausgabe desselben: den Bewunderer Jesu."

Der Bewunderer ist so lange von Jesus begeistert, wie er seinen Vorstellungen entspricht und ihm in den Kram passt. Aber wehe, wenn das Idol den Erwartungen nicht gerecht wird. Denk nur einmal an die zahllosen Sport-Fans. Heute jubeln sie über Bayern München in der Champions League. Einen Samstag später gibt's ein Pfeifkonzert „Zieht den Bayern die Lederhosen aus!" Fans sind so wetterwendisch wie der Hahn auf dem Kirchturm. Derselbe, von dem sie gestern noch schwärmen konnten, wird morgen schon mit einer Handbewegung beiseite getan: „Den kannste auch vergessen."

Der Nachfolger dagegen möchte mit Jesus gehen – durch dick und dünn. Er hat ganze Sache gemacht mit diesem Jesus. Darum kann er auch nicht einfach wieder aussteigen, wenn sein Herr plötzlich Dinge sagt und tut, an denen er schwer zu schlucken hat. Er wird zu ihm hingehen, fragen – und nicht eher lockerlassen, bis er Jesus verstanden hat. Für den Nachfolger sind die Wege mit Jesus nicht immer bequem. Aber er weiß, dass sie ans Ziel führen. Und wenn er trotzdem einmal schwach wird und sich heimlich verdrückt (siehe Petrus!)? Dann hat Jesus Erbarmen mit ihm und holt ihn auf den rechten Weg zurück.

… da habe ich dich getragen

Eines Nachts hatte ich einen Traum.
Ich ging am Meer entlang mit meinem Herrn.
Vor dem dunklen Nachthimmel
erstrahlten, Streiflichtern gleich,
Bilder aus meinem Leben.
Und jedes Mal sah ich zwei Fußspuren im Sand,
meine eigene und die meines Herrn.

Als das letzte Bild an meinen Augen
vorübergezogen war, blickte ich zurück..
Ich erschrak, als ich entdeckte,
dass an vielen Stellen meines Lebensweges
nur eine Spur zu sehen war.
Und das waren gerade die schwersten Zeiten meines Lebens.

Besorgt fragte ich den Herrn:
„Herr, als ich anfing, dir nachzufolgen,
da hast du mir versprochen,
auf allen Wegen bei mir zu sein.
Aber jetzt entdecke ich,
dass in den schwersten Zeiten meines Lebens
nur eine Spur im Sand zu sehen ist.
Warum hast du mich allein gelassen,
als ich dich am meisten brauchte?"

Da antwortete er: „Mein liebes Kind,
ich liebe dich und werde dich nie allein lassen,
erst recht nicht in Nöten und Schwierigkeiten.
Dort, wo du nur eine Spur gesehen hast,
da habe ich dich getragen."

Margaret Fishback Powers

10. GEMEINSCHAFT

– Wege zueinander finden

Christsein ist nichts für eingefleischte Einzelgänger. Allein geht man nämlich als Christ ein – garantiert! Jesus hat es so gewollt, dass diejenigen, die an ihn glauben, auch Gemeinschaft untereinander haben. So entstand nach Jesu Himmelfahrt die Gemeinde. Als Gott an Pfingsten seinen Heiligen Geist über die Menschen in Jerusalem ausgoss, da fanden sie zu einer herzlichen Gemeinschaft zusammen. „Sie waren ein Herz und eine Seele", so heißt es in der Apostelgeschichte von der urchristlichen Gemeinde.
Aber was ist im Laufe der Jahrhunderte aus der christlichen Gemeinde – der Kirche – geworden? Für die meisten Jugendlichen ist die Kirche altmodisch und überholt (für viele Älteren dagegen ist sie oft zu progressiv und zu politisch!). Andere halten sie für weltfremd – und wieder andere für zu weltlich. Es gibt eine Menge berechtigter Kritik an der Kirche, aber auch viele unberechtigte Vorurteile gegen sie. Alles das ändert nichts daran: Wir brauchen die Gemeinschaft mit anderen Christen, wenn unser kleines Pflänzchen „Glaube" nicht verkümmern soll.

Wie die ersten Christen zusammenlebten, wie sie gemeinsam ihren Glauben an Jesus praktizierten, das wollen wir uns an einem wichtigen Text aus der Apostelgeschichte des Lukas klarmachen:

Aufgabe

Vervollständige die folgenden Sätze:

1. Ich brauche die Gemeinschaft mit anderen Christen, weil ....

....

2. Die Christen wollen nichts Besseres sein, aber ....

....

3. Die Kirche ist nicht überflüssig ....

....

Wer auf die Gemeinschaft mit anderen Christen glaubt verzichten zu können, sägt sich selbst den Ast ab, auf dem er sitzt.

Einige Kennzeichen der urchristlichen Gemeinde

Apostelgeschichte 2, 42-47:

42. Die ersten Christen ließen sich regelmäßig von den Apostel unterrichten und lebten in geschwisterlicher Gemeinschaft, feierten das Abendmahl und beteten miteinander.
43. Eine tiefe Ehrfurcht vor Gott erfüllte sie alle. Er wirkte durch die Apostel viele Wunder und bestätigte auf diese Weise ihre Worte.
44. Die Gläubigen lebten wie in einer großen Familie. Was sie besaßen, gehörte ihnen gemeinsam.
45. Wer ein Grundstück oder anderen Besitz hatte, verkaufte ihn und half mit dem Geld denen, die in Not waren.
46. Täglich kamen sie im Tempel zusammen und feierten in den Häusern das Abendmahl. In großer Freude und mit aufrichtigem Herzen trafen sie sich zu gemeinsamen Mahlzeiten.
47. Sie lobten Gott und waren im ganzen Volk geachtet und anerkannt. Die Gemeinde wurde mit jedem Tag größer, weil Gott viele Menschen rettete.

1. Die Lehre der Apostel (Bibelstudium)

2. Das gemeinsame Gebet

3. Das gemeinsam gefeierte Abendmahl

Aufgabe

Lies dir den Text aus der Apostelgeschichte einige Male aufmerksam durch. Überlege dir, welche Merkmale der urchristlichen Gemeinde dir am wichtigsten erscheinen. Schreibe sie nach der Reihenfolge ihrer Wichtigkeit auf. Schreibe in die rechte Spalte das, was davon in unseren heutigen Gemeinden fehlt, bzw. was du in ihnen vermisst. Vergleicht eure Ergebnisse miteinander.

Kennzeichen der urchristlichen Gemeinde	*Welche Kennzeichen fehlen davon in unseren Gemeinden? Was vermisse ich?*
1.	*1.*
2.	*2.*
3.	*3.*
4.	*4.*
5.	*5.*
6.	*6.*

Viele wenden sich enttäuscht von der Kirche ab, weil sie in ihr wenig von der Lebendigkeit der urchristlichen Gemeinde entdecken können. Andererseits müssen die „Aussteiger" sich fragen lassen, ob sie immer nur etwas von den anderen (von der Kirche, dem CVJM, ihrem Jugendbibelkreis) erwartet haben – oder ob sie auch bereit waren, sich mit ihren Fähigkeiten und Kräften in die Gemeinschaft einzubringen. Mancher erklärt: „Die Gemeinschaft im Jugendkreis bringt mir nichts." Ich frage zurück: „Was hast du denn in die Gemeinschaft mitgebracht?" Jesus wollte, dass wir uns in der Gemeinde gegenseitig unterstützen und helfen: „Einer trage des andern Last."

Gemeinschaft als der Leib Christi

Wenn Paulus die Zusammengehörigkeit, das Einssein der Christen verdeutlichen will, dann kann er schreiben: „Wir sind der Leib Christi!" (1. Korinther 12, 12ff.; Epheser 4, 11ff.) Nun besteht ein Körper bekanntlich aus unterschiedlichen Gliedmaßen und Organen. Jedes hat seine ganz bestimmte Funktion. Auf keins kann verzichtet werden. Kein Glied muss aber so sein wie das andere, denn jedes ist ein Original und hat seinen unaustauschbaren Platz am Körper ... Das Haupt dieser Gemeinschaft ist Jesus. Er steuert die unterschiedlichsten Glieder und Organe, die zum Körper gehören.

Was bedeutet das konkret?

1. Jesus selbst führt und hält die Christen in einer lebendigen Gemeinschaft zusammen. In dieser Gemeinschaft hält man zueinander.
2. So wenig wie es ein überflüssiges Organ am Körper gibt, so wenig ist der einzelne Christ überflüssig für die Gemeinschaft.

3. Ebenso wie am Körper kein Organ ohne das andere leben kann, bleiben wir auch als Christen auf die Unterstützung und Ergänzung durch andere Christen angewiesen.
4. So wie jedes Organ am Körper seine ganz bestimmte Funktion hat, so werden in der Gemeinschaft die Gaben und Fähigkeiten jedes einzelnen Christen gebraucht.

Aufgabe

Kleiner Test
zur Überprüfung, ob du das Entscheidende von einer christlichen Gemeinschaft kapiert hast. Kreuze die nach deiner Meinung richtige Antwort an!

1. Christen werden zu einer Gemeinschaft ...
a) durch das Band der Symphatie
b) durch gemeinsame Interessen
c) durch ihren Herrn Jesus Christus
d) durch gemeinsamen Zeitvertreib

Der Einzelne in der Gemeinschaft ...
a) zählt nicht, weil er ersetzt werden kann
b) soll durch seine Originalität die Gemeinschaft bereichern
c) soll sich den anderen anpassen
d) soll mit anderen konkurrieren

2. Wenn einer die Gemeinschaft verlässt ...
a) hat er wahrscheinlich nicht zu ihr gepasst
b) sollte man ihn in Frieden ziehen lassen
c) sollte ein anderer seinen Platz einnehmen
d) sollte man ihm nachgehen, weil er gebraucht wird

Vergleicht eure Antworten miteinander.

Tipps zum Zueinanderfinden:

1. Erwarte von einer Gemeinschaft nie mehr als du selbst bereit bist zu geben.
2. Bitte Jesus, dass er dir deinen Platz in der Gemeinde zeigt.
3. Suche in der Gemeinde vor allem die Gemeinschaft mit Jesus im Bibelkreis, Gottesdienst usw.
4. Nimm die Hilfe anderer Christen in Anspruch, wenn du allein nicht mehr weiterkommst.
5. Drück dich nicht vor Aufgaben in der Gemeinde.

GEBOTE – Die Spielregeln fürs Leben

11.

Von der Wiege bis zum Grab begegnen uns Verbote und Gebote. Allein im Bürgerlichen Gesetzbuch gibt es mehr als 2300 Paragraphen; in der Bundesrepublik sicherlich weit mehr als 10000 Gebote, Verbote, Gesetze und Verordnungen, nach denen wir uns richten sollen. Natürlich kann niemand alle kennen. Ob wir Fußball oder „Mensch ärgere dich nicht" spielen; mit dem Auto oder Fahrrad im Straßenverkehr unterwegs sind; ob wir Zuhause das Radio auf „volles Rohr" drehen wollen oder im Freibad vom Dreimeterbrett springen möchten – ständig und überall haben wir Regeln und Vorschriften, Hinweise und Verbote zu beachten, ob uns das nun gefällt oder nicht. Wir meinen zwar oft: „Frei sein – das heißt: Tun und lassen können, was einem gefällt." Aber diese Freiheit ist eine Illusion (selbst über den Wolken gibt es sie nicht, lieber Reinhard Mey!).

Aufgabe

Überlegt einen Augenblick:

- ***Was geschähe, wenn alle Regeln und Verbote aufgehoben würden?***
- ***Warum sind Regeln und Verbote daher unverzichtbar?***

Die Zehn Gebote kommen mit 237 Worten aus. Eine Verordnung über die Einführung von Karamell-Bonbons in die EU umfasst 2793 Wörter ...

Die Zehn Gebote Gottes

Zwischen den Gesetzen des Bürgerlichen Gesetzbuches und den Geboten Gottes besteht ein entscheidender Unterschied. Den findest du dann heraus, wenn du in 2. Mose Kapitel 19 und 20 nachliest, bei welcher Gelegenheit Gott über Mose dem Volk Israel in der Wüste die Zehn Gebote gab. Im Anfang der Begegnung Gottes mit seinem Volk standen nämlich nicht Forderungen Gottes mit der Androhung von Strafe. Israel lernt Gott von einer ganz anderen Seite kennen: nämlich als den wunderbaren Befreier aus jahrhundertelanger ägyptischer Sklaverei. Darum heißt es im Ersten Gebot, der „Visitenkarte" Gottes, mit der er sich vorstellt:

JAHWE: dein Gott, der dich aus Ägyptenland geführt hat.

Israel soll von Anfang an wissen: Gott hat nur unser Bestes im Sinn. Darum schließt er mit ihnen einen Bund und lässt ihnen sagen: „Ich bin euer Gott. Ihr seid mein Volk. Ich will, dass euer Leben geschützt ist und ihr es in der Freiheit, die vor euch liegt, nicht verspielt. Darum gebe ich euch die Zehn Gebote. Sie sollen euch helfen, dass euer Leben in der Freiheit gelingt."

Zügel – Spiegel – Riegel

Mit Hilfe dieser drei Begriffe hat man oft versucht, sich die verschiedenen Aufgaben der Gebote anschaulich zu verdeutlichen:

Aufgabe

Versuche zu erklären, was diese Begriffe sagen wollen. Ist ihre Reihenfolge beliebig?

ZÜGEL:

SPIEGEL:

RIEGEL:

Die Zehn Gebote

Ich bin der Herr, dein Gott.
Du sollst keine anderen Götter haben neben mir.
Du sollst dir kein Bild von Gott machen.
Du sollst den Namen deines Gottes nicht missbrauchen.
Du sollst den Feiertag heiligen.
Du sollst Vater und Mutter ehren.
Du sollst nicht töten.
Du sollst nicht ehebrechen.
Du sollst nicht stehlen.
Du sollst nicht lügen.
Du sollst nicht begehren, was deinem Nächsten gehört.
(Zusammenfassung der Gebote nach 2. Mose 20,1-17)

Gottes Gebote als RIEGEL: Sie wollen unseren Lebensweg begrenzen, damit wir nicht Schaden nehmen.

Wer glaubt, sich darüber hinwegsetzen zu können, ...

... darf sich nicht wundern, wenn es mit seinem Leben bergab geht!

Fragen

- ***Welches der Gebote erscheint dir am schwersten zu erfüllen zu sein? Warum?***

- ***Jesus hat die Zehn Gebote auf eine kurze Formel gebracht. Wie lautet sie?***

- ***Können Christen die Gebote Gottes halten?***

Was ist eine Beichte?

Viele halten „Beichte" für etwas Erzkatholisches. Aber das ist ein Irrtum. Auch in der evangelischen Kirche kennen wir die Beichte. So bekennt die Gemeinde in jedem Gottesdienst ihre Schuld vor Gott und empfängt durch den Pastor den Zuspruch der Vergebung. Zugegeben: Oft sind wir bei diesen allgemeinen Bußgebeten mit dem Herzen gar nicht dabei. Das hängt wohl auch damit zusammen, dass wir das Übertreten der Gebote Gottes oft auf die leichte Schulter nehmen.

Aber dann gibt es auch Situationen, wo uns unsere Schuld drückt und wir einfach keine Ruhe finden – manchmal selbst dann nicht, wenn wir sie in der Stille vor Gott bekannt haben. In solchen Situationen sollten wir den Mut zu einem offenen Schuldbekenntnis unter vier Augen haben. Ein solches Beichtgespräch kann man mit jedem Christen führen, zu dem man Vertrauen hat. Man muss nicht Angst haben, dass der Seelsorger die bekannte Schuld weitererzählt, denn für ihn gilt das Gebot absoluter Verschwiegenheit. Das Entscheidende ist, dass ich in der Beichte den Zuspruch der Vergebung empfange und dadurch wieder befreit aufatmen kann.

Zur eigenen ehrlichen Selbstprüfung vor Gott kann uns ein BEICHTSPIEGEL eine Hilfe sein. Habe einmal den Mut, die folgenden Fragen des Beichtspiegels in der Stille selbstkritisch durchzugehen. Schreibe auf einen Zettel, was dir an Schuld und Versagen bewusst wird. Bekenne Jesus deine Schuld und bitte ihn um Vergebung.

BEICHTSPIEGEL

- ❍ Wer oder was ist das Wichtigste in deinem Leben? Auf wen oder was möchtest du unter keinen Umständen verzichten?
- ❍ Was bedeutet dir der Name Gott? Gebrauchst du ihn gedankenlos?
- ❍ Warum betest du? Aus Gewohnheit? Aus Angst? Aus Berechnung, um bei Gott etwas durchzudrücken? Betest du auch dann noch, wenn du lust- und kraftlos bist – oder wenn Gott nicht so antwortet wie du es erwartet hast?

- Was machst du sonntags? Besteht deine Feiertagsheiligung nur aus Ausschlafen und Nichtstun? Wann gibst du Gott einmal die Ehre?

- Was sind dir deine Eltern wert? Hörst du auf sie? Sind sie dir gleichgültig? Nimmst du dir Zeit, ihnen zu helfen? Wie stehst du zu deinen Lehrern bzw. Ausbildern? Hintergehst du sie? Kriechst du vor ihnen? Was tust du, wenn sie Fehler machen?

- Gibt es Menschen, die du nicht ausstehen kannst? Wo hast du deinem Neid, Hass, Zorn, deiner Missgunst und deiner Schadenfreude freien Lauf gelassen? Wo gefährdest du dich und andere durch Leichtsinn? Gehst du verantwortlich mit deiner Gesundheit um?

- Wie kommst du mit deiner Sexualität klar? Siehst du in den Mädchen bzw. Jungen nur jemanden zum „Vernaschen"? Wo vergiftest du deine Fantasie mit pornographischen Bildern oder Schriften? Wie redest du über sexuelle Dinge? Kannst du Gott für deine Sexualität danken?

- Achtest du fremdes Eigentum? Hast du Dinge im Besitz, die dir nicht gehören? Hast du dich auf Kosten anderer bereichert?

- Wie redest du über andere? Machst du andere in ihrer Abwesenheit schlecht? Hast du jemanden verleumdet? Hast du anvertraute Geheimnisse bewahrt?

- Schielst du neidisch auf Gaben und Besitz anderer? Kannst du anderen gönnen, was sie haben, bzw. was ihnen gelingt? Bist du mit dem, was du kannst und hast, zufrieden?

12. LEBEN – Das bringt's!

Viele Menschen leben nach dem „Prinzip Staubsauger“: Sie schlucken alles und können den Hals nicht voll genug kriegen. Nur ja nicht zu kurz kommen! Nur bloß nichts verpassen! Diese Staubsauger-Menschen sind unersättlich. Schlimm wird es, wenn auch Christen nach diesem Prinzip leben wollen.

Wer Jesus nachfolgt, der darf umlernen. Für den heißt es dann nicht mehr zuallererst: Was habe ich davon? Was bringt es für mich? – sondern mit einem Mal wird das Gegenteil interessant: Was haben andere davon, dass ich an Jesus glaube? Was bringt es anderen, dass ich Christ bin? – Ihr merkt: Wer Christ wird, den will Jesus von seinem unersättlichen Egoismus befreien.

Zum Fruchtbringen bestimmt

Jesus selbst hat uns zum „Fruchtbringen“ bestimmt: „Ich bin der Weinstock, ihr seid die Reben. Wer in mir bleibt und ich in ihm, der bringt viel Frucht.“ Früchte – das sind Auswirkungen meiner Beziehung zu Jesus, die anderen Menschen zugute kommen sollen. Andere sollen etwas davon haben, dass ich eng mit Jesus verbunden bin.

Johannes 15,1-5:

1. *„Ich bin der wahre Weinstock, und mein Vater ist der Weingärtner,*
2. *der alle unfruchtbaren Triebe abschneidet. Aber die fruchttragenden Reben beschneidet er sorgfältig, damit sie noch mehr Frucht bringen.*
3. *Ihr gehört schon zu diesen guten Reben, weil ihr mein Wort angenommen habt.*
4. *Bleibt fest mit mir verbunden, dann wird mein Leben in euch sein! Denn so wie eine Rebe nur dann Früchte tragen kann, wenn sie am Weinstock ist, so werdet auch ihr nur Frucht bringen, wenn ihr mit mir verbunden bleibt.*
5. *Ich bin der Weinstock, ihr seid die Reben. Wer bei mir bleibt, in dem bleibt mein Leben, und er wird viel Frucht tragen. Wer sich aber von mir trennt, kann nichts ausrichten.“*

Galater 5, 22:

22. „Dagegen bringt der Heilige Geist in unserem Leben nur Gutes hervor: Liebe und Freude, Frieden und Geduld, Freundlichkeit, Güte und Treue, Besonnenheit und Selbstbeherrschung."

Aufgabe

Versucht gemeinsam anhand der beiden abgedruckten Bibeltexte die folgenden Fragen zu beantworten:

- ***Unter welcher Bedingung kann ein Christ überhaupt Frucht bringen?***
- ***Was kann ein Mensch tun, um bei Jesus zu bleiben?***
- ***Wie ist es zu verstehen, dass Reben „weggenommen" (ja sogar „weggeworfen" Johannes 15,6) werden, wenn sie keine Frucht bringen?***
- ***Was ist „Frucht, die bleibt"?***
- ***Welche in Galater 5,22 aufgezählte Frucht hältst du für besonders wichtig?***

Abschied von der Hängematte

Natürlich ist es herrlich, sich ab und zu mal so richtig hängen zu lassen und sich in seinem Faulenzen von niemandem stören zu lassen. Wer aber sein ganzes Leben auf diese Weise verbringen möchte, der wird am Ende ganz schön durchhängen. Jesus hat uns kein ruhiges und bequemes Leben verheißen, aber eins, in dem wir gebraucht werden – und das gerade dadurch zu einem reich erfüllten Leben werden kann. Für jeden von uns hat Jesus einen Platz in dieser Welt – und auch in seiner Gemeinde vorgesehen. An diesem Platz sind wir nicht überflüssig, denn es ist ein Platz, den nur wir ausfüllen können …

Das will ich mir schreiben in Herz und Sinn,
dass ich nicht allein für mich auf Erden bin.
Dass ich die Liebe, von der ich lebe,
liebend an andere weitergebe.

Eine alte Legende erzählt:

Als Christus zum Himmel aufgefahren war, fragten ihn die Engel, wie es denn nun mit seinem Reich auf dieser Erde weitergehen solle. „Ich habe doch meine Jünger auf Erden", antwortete Christus. Aber die Engel sahen, wie unbedeutend, wie schwach und verzagt die Jünger waren, und fragten erschrocken: „Herr, hast du denn wirklich keinen anderen, keinen besseren Plan?", und Christus entgegnete: „Nein – einen anderen Plan habe ich nicht."

Du bist begabt! Du wirst gebraucht!

Eins sollte klar sein: Wenn Jesus deine Mitarbeit will, dann möchte er dich damit keinesfalls überfordern. Jesus hat dir für die Aufgaben, die er dir übertragen will, auch die entsprechenden Fähigkeiten mitgegeben. Du bist keineswegs völlig unbegabt. Du brauchst auch nicht neidisch auf die Gaben und Fähigkeiten anderer zu schielen. Du musst nur lernen, deine eigenen Gaben zu entdecken. Dabei können dir andere, insbesondere erfahrene Christen helfen. Du kannst auch dafür beten, dass Jesus dir die Augen für deine eigenen Gaben und Fähigkeiten öffnet. Wichtig ist nur, dass du deine Gaben dann auch dankbar zum Wohl anderer Menschen einsetzt (und nicht etwa, um selbst groß rauszukommen). Jesus möchte, dass du auch in deiner Mitarbeit ihm die Ehre gibst: „Danke, Herr Jesus, dass du mich gebrauchen kannst!"

Aufgabe

Überlege einmal einen Augenblick, welche Begabungen du schon an dir entdeckt hast bzw. welche du bei dir vermutest. Wenn dir gar nichts einfällt, dann frage deinen Leiter, ob er dir sagen kann, wozu du begabt bist.

Ich glaube, dazu bin ich begabt …

1.

2.

3.

Und nun überlege weiter: An welcher Stelle in der Jugendgruppe, in der Gemeinde usw. könntest du mitarbeiten?

1.

2.

3.

Keine Angst …

… die Schuhe, die dir Gott verpasst, sind nicht ein paar Nummern zu groß für dich

Danke, Herr, dass du mich brauchst.

Nicht nur Höhepunkte

Auch das Leben als Christ besteht nicht nur aus Höhepunkten – so verständlich uns auch der Wunsch der kleinen Lucy von den „Peanuts" erscheint. Auch da, wo man sich für andere Menschen einsetzt, wird man Enttäuschungen erleben und oft an die Grenzen seiner eigenen Kraft stoßen. In solchen Situationen möchten auch Christen manchmal die Flinte ins Korn werfen und mit allem aufhören. Was macht uns dann trotzdem Mut zum Weitermachen? Was lässt uns wieder aufstehen, wenn wir am Boden liegen? Es ist das VERSPRECHEN JESU, das er beim Abschied seinen Jüngern gab:

Ich bin immer und überall bei euch; bis an das Ende der Welt.
Matthäus 28,20

Jesus lässt uns nicht allein. Auch in den dunkelsten Stunden unseres Lebens will er bei uns sein.

Aufgabe

Formuliere in einem kurzen persönlichen Gebet deinen Dank an Jesus dafür, dass er dich und diese Welt fest in seinen Händen hält!